兒童愛之語

打開親子愛的頻道

五種兒童愛的語言

身體的接觸

肯定的言詞

精心的時刻

接受禮物

服務的行動

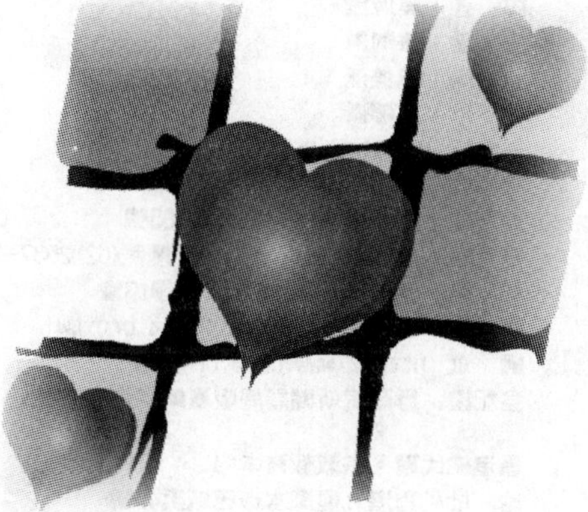

蓋瑞・巧門
羅斯・甘伯 著　吳瑞誠 譯

The Five Love Languages of Children

中國主日學協會
CAT. NO. 003640658

國家圖書館出版品預行編目資料

兒童愛之語：打開親子愛的頻道
蓋瑞・巧門(Gary Chapman)&羅斯・甘伯(Ross Campbell)著：
吳瑞誠譯.--初版.--
臺北市：基督中國主日,2000[民89]
面：公分
譯自：The five love languages of children
ISBN 957-550-252-3(平裝)
1.父母與子女 2.溝通 3.兒童心理學

544.14 89012935

兒童愛之語—打開親子愛的頻道

作　者：蓋瑞・巧門、羅斯・甘伯 合著
發行人：任治平
譯　者：吳瑞誠
主　編：辜蔚琳
執　編：陳美燕
設　計：高馨儀
出版及發行所：財團法人基督教中國主日學協會出版部
地　址：臺北市中山北路二段105號
電　話：(02) 2571-1144　傳　真：(02) 2537-4069
郵　撥：0001066-4　中國主日學協會
電　郵：訂購電子信箱 mkt@cssa.org.tw
網　址：http://www.cssa.org.tw
登記證：行政院新聞局局版臺業字第0136號

香港總代理：宗教教育中心
地　址：香港九龍深水埗巴域街45號
電　話：(852) 2776-6333　傳真：(852) 2776-9090

主後二〇〇〇年十一月初版
主後二〇〇五年十一月初版九刷

The Five Love Languages of Children
by Gary Chapman & Ross Campbell

Originally Published in U.S.A. by MOODY PRESS

P.O.Box 17-116 Taipei 10448, Taiwan, R.O.C
Printed in Taiwan

黃序

智慧的所羅門王在箴言廿二章6節說：「教養孩童，使他走當行的道，就是到老他也不偏離。」這是每一位教育工作者及父母的共同心願。

如何教養？各家各派都有其理論基礎，也都各有所長。然而回歸孩童的基本面，可發現「孩童的動作是清潔，是正直，都顯明他的本性」（箴二十11）這本性就是上帝所賦予他特有的恩賜和共同的需求：愛。

誠如本書的作者所強調：愛是教養孩童的基礎也是穩固家庭的力量。聖經期望孩童能在愛中建立自己。但如何對兒童表示愛，本書的作者以豐富的經驗、發人深省的實際溝通方式，很實際地引出方法，全書讀起來流暢、容易理解且感同身受。雖然這是一本翻譯的書，也有著文化間觀點的差異，然而他山之石可以攻錯，諸多作法值得借鏡。

奇妙的愛之語，透過實例的見證和傳神的隱喻，輕鬆感人，您不僅可以會心一悟且能即時行之，對家庭的和諧、親子的互動、情愛的運行都將有所幫助。

本人長期從事兒童教育工作，深能體會聖經所說愛必管教的道理。然而現代社會充斥著愛不管教或負面的反教育，這些都將形成社會的災害，在撒母耳記上三章記載著貴爲祭司的以利，他在管教上發生了問題，13—14節：「我曾告訴他必永遠降罰與他的家，因他知道兒子作孽自招咒詛，卻不禁止他們。所以我向以利家起誓說：『以利家的罪孽，雖獻祭奉禮物，永不能得贖去。』」何等嚴厲的警語。每位父母都是孩子的第一個最重要的老師，如何使愛與管教取得平衡且有效，是値得用心思考的課題。特別是忙碌的雙薪家庭及與日俱增的單親家庭，家裡的緊張困惑與累積的焦慮，當如何有效地化解並建立起健康、積極且充滿愛的氣氛。本書的愛之語很能深入家人的感情。

重視你的家庭，當重拾愛之語。此書微妙之處共賞得之，樂於推薦！

黃清一
中華民國社區兒童教育學會理事長
基督教門諾會花蓮黎明教養院院長

黃清一

Contents 目　錄

引言

「帥呆了」、「酷斃了」、「復活了」。孩子們不時地會說一些令我們乍聽之下滿頭霧水的言語。但是，當孩子要聽我們所說的話時，我們也不一定能把自己的意思表達得一清二楚。在我們把意思誤傳的所有溝通方式中，最有危害性的可能就是沒有把愛正確地傳達給孩子。你能表達——並且願意表達——你孩子的愛之語嗎？

每個孩子都有一種主要的愛語，這是一種他們最能懂得父母之愛的方式。本書會告訴您如何認識和表達孩子的主要愛語，以及其他四種一般的愛語。這些愛的語言能使孩子知道你愛他們。我們將會了解，孩子需要知道自己被愛，才能發展成為一個負責任的成人。愛是確保一個孩子長大成為一個能給、能愛的成人之基礎。

在《兒童愛之語》一書中將逐一介紹所有五種兒童愛的語言，並且幫助你決定最能使孩子明白你愛他的那一種主要愛語。請仔細閱讀詳述愛的語言之第二至六章，因為孩子能從所有五種接受愛的方式中獲益。當然，我們相信孩子透過其中一種愛語，最能感受到愛，而其他四種愛語也都有益於他。此外，孩子的主要愛語也可能隨著時間而有所改變。

因此，談論兒童愛之語的每一章將會從指出那章所談的愛語之重要性開始。也許那章所描述的不是你孩子的主要愛語，也請你學會那種語言。操練所有的五種愛語，你就能確保孩子會感受到你的愛。當然，最重要的是確定和表達你孩子的主要愛語。

在本書中，我們會強調愛在養育子女上的重要性，最終目的乃在於幫助你教養孩子成為一個成熟的人。在孩子發展的各方面，都需要愛的基礎。例如：當孩子了解到父母的愛時，他的憤怒情緒就能被疏導至正面。當他感受到你的愛是真誠且一致時，他也比較能思考及接受你的建議。但是很少父母體認到他們有責任教導孩子使用成熟的方式處理怒氣。我們會在第十章留意如何訓練孩子和青少年處理怒氣，這是為人父母最困難的工作。要達成這個任務就要從愛開始，更有趣的是，教導孩子處理怒氣的父母，會促使他們的親子關係更親愛與接近。

這一本教導父母學習如何更愛孩子的書——《兒童愛之語》，充滿著做好為人父母的建議。當你把最重要的部份做好時，你會發現自己的家庭關係更堅固、輕鬆和快樂。例如：在我們談論管教的第八章中，你會發現首先要記住的兩個關鍵詞是：愉快和穩定。正如愛能遮掩許多罪一樣，愉快而穩定的情緒能帶給你一個重新得力的安全脈絡。因此在第八章裏，我們將會討論如何保持一個愉快而穩定的態度。

這本書的結論會提出一套行動計劃，其中包含許多案例與練習，可以幫助你向孩子表達五種愛語裏的每一種。我們相信這套行動計劃將有助於你活用本書的觀念。

在你開始上這項「語言」課程來改進你向孩子說「愛」的方式之前，請讓我們兩位作者向諸位說幾句話。

蓋瑞．巧門的話

本書之前身《愛之語～兩性溝通的雙贏策略》一書的成功，很令人興奮。好幾十萬對夫妻不僅閱讀了，並且還照著書上的原則身體力行。我的檔案裏充滿著來自世界各地的感恩信件，談到這些愛語使他們的婚姻煥然一新。大多數人告訴我，學會表達他們配偶的主要愛語，使家裏的氣氛產生徹底的改變。更有些人感激該書挽救了他們搖搖欲墜的婚姻。

當我主辦婚姻研討會時，最常被問到的問題是：「你何時要寫兒童的五種愛之語呢？」因爲我的專業以婚姻輔導及充實爲主，因此即使我接過好幾百封父母的信，描述他們把這些婚姻中的愛語應用到孩子身上的成功實例，我仍不願意寫有關孩子的書。

但是當北田出版社跟我洽談寫作本書時，我跟一位多年好友，羅斯．甘伯(Ross Campbell)聯絡，請他跟我合寫這本書，羅斯竟然慨然答應了，使我非常高興。羅斯在精神病學上鑽研了卅年，專門研究兒童與青少年的需要。我對他的研究品質心儀良久，也從他的寫作上受惠很多，更感念我們這些年來的摯交情誼。

現在，當這本書接近完成之時，我非常高興看見我們兩人的不同經驗融合在一起。我們各自寫完每一章，然後由我們的編輯兼主編，凱柔．斯特里德(Carole Streeter)，將我們的觀念改寫成可讀的書。我對於這個最後的產品欣賞之至。

前書《愛之語～兩性溝通的雙贏策略》幫助了許多人的婚姻，所以我現在希望並禱告本書也能幫助無數父母、老師及其他愛孩子、服事孩子的人，能更有效地滿足孩子對於愛的感情需要。

蓋瑞．巧門博士
於北卡羅來納州．溫斯頓撒冷市
一九九七年一月

羅斯．甘伯的話

蓋瑞．巧門和我在寫作和演講愛的主題上已經廿多年了。蓋瑞幫助了好幾千對夫妻在婚姻關係上找到更深的意義，而我本人的寫作及舉辦的研討會，則是有關父母做來辛苦但回報很豐碩的兒女養育工作。即使我已經認識蓋瑞廿多年了，我從不知道我們的信息竟是如此相同。在我閱讀了蓋瑞的大作《愛之語》之後，我才發現這個肯定的事實。他的這本書與我的兩本著作《如何眞正愛你的孩子》How to Really Love Your Child 及《如何眞正愛你十幾歲的孩子》How to Really Love Your Teenager 並駕齊驅，是互補且很有激勵作用的。

我特別喜歡蓋瑞著作中所強調的一點——我們每個人都有一種主要的愛之語。如果我們把配偶與自己的這個特定語言識別出來，就可以使用這個無價之寶來提昇婚姻品質。這些愛語在孩子身上也有極佳的應用價值，因爲每個孩子也都各有其給予和接受愛的方式。當蓋瑞了解到這點時，這本書就成爲我們工作相似之處的自然產物了。

我對自己有幸能與蓋瑞合寫這本重要無比的書，覺得光榮之至。我也衷心相信這本書能幫助父母及其他關心孩子的人，用以滿足他們所愛的孩子最深切的需要。敬請讀者們與我們一起攜手來探討這五種兒童的愛之語。

羅斯・甘伯醫學博士
於田納西州信號山市
一九九七年一月

第 1 章
愛是教養孩子的基礎
Love is the Foundation

丹尼斯和布琳達簡直不知道他們八歲的兒子班恩到底什麼地方不對勁。他以前是一位中上程度的學生，又按規定做家庭作業，可是今年在校成績卻一團糟。每次老師出了作業以後，班恩都會去請她再解釋一遍，甚至一天可以來來回回地在她的辦公桌前出入多次，要求進一步的解釋！究竟是聽力有問題或是理解力出了毛病呢？丹尼斯和布琳達帶班恩去做聽力檢查，而某位校方輔導員則給他做理解力測試。結果：班恩的聽力正常，理解力也在一位三年級學生的典型水準之內。

此外，另有其他事情也困擾著這對父母——班恩不時地會有一些幾近於反社會的行爲。這位老師輪流跟她三年級的學生吃午餐，但班恩有時會把別的學生推開，以便自己能接近她；休息時間，只要老師一在運動場上現身，他就會甩開其他同學，跑向老師問些沒頭沒腦的問題。如果老師課後參加遊戲，班恩會不顧一切地衝過去抓住老師的手，根本不管遊戲的進行情形。

他的父母親因此會見過老師三次，然而他們都找不到問題的根源。在一、二年級的時候，班恩既獨立又愉快，現在卻出現莫名其妙的「黏人行爲」。另外，他跟姊姊爭吵的次數也增加很多，儘管丹尼斯和布琳達認爲這只是一個過渡時期而已。

當這對夫妻來參加我主辦的「邁向成長的婚姻」研討會，告訴我有關班恩的情形時，他們很憂慮且納悶是否家中出了一個成長期中的叛徒。布琳達說：「巧門博士，我們知道這是一個婚姻講座，我們的問題可能與主題無關，但丹尼斯和我認爲您或許可以給我們一些指導。」接著她說明班恩變化中的行爲。

我詢問這對父母親看他們這一年來的生活型態是否有改變。丹尼斯回答說，他是一個業務員，每週有兩個晚上外出拜訪客戶，其餘每晚都是六、七點鐘回家，而這些晚上都是花在文書工作和電視上。以前週末，他去打足球，都會帶班恩同去。但他已經一年不去了。他說：「時間太匆忙了，我寧願待在家裏看電視足球賽。」

「妳呢，布琳達？」我問：「過去幾個月來，妳的生活型態是否有改變？」

她回答說：「嗯，有啊！自從班恩進幼稚園三年來，我都是做兼職的工作，但今年我找到一份全職的工作，因此，我回到家通常比較晚。事實上，每天下午班恩的祖父去學校接他，在我去接班恩回家之前，班恩在祖父母家中待了一個半小時。丹尼斯出城的晚上，班恩和我通常都跟我的家人吃過晚餐後才回家。」

那時研討會即將開始，然而我想，我知道班恩心裏的故事了，所以我提議：「等一下我要談的主題是婚姻，但我希望你們各人都想一想我所分享的原則，要怎樣才能應用到你們與班恩的關係上。在研討會結束時我要知道你們獲得的結論是什麼？」他們似乎有點被嚇到了，因爲我結束會談卻沒有提供任何建議，但是他們都願意照著我的要求去做。

那天結束時，其他參加這個威斯康辛州拉辛市研討會的人魚貫離開，丹尼斯和布琳達衝著我跑過來，彷彿發現新大陸的樣子。布琳達說：「太好了！巧門博士，我想，我們已經得到一些深入班恩心裏的洞見了。當你在研討會中討論五種愛之語時，我們都同意班恩主要的愛語是精心的時刻。回顧最近這四、五個月以來，我們發現，我們給班恩的精心時刻，比以前少了很多。」

「當我兼職工作的時候，我每天會去學校接班恩回家。在回家途中，我們通常都會一起做些事情，例如：辦個差事、去公園逛逛，或一起吃點心。回到家後，班恩就做家庭作業。晚飯後，他和我常在一起玩遊戲，特別是當丹尼斯不在家的晚上。最近，這一切都改變了。因爲我去工作，所以花在班恩身上的時間大幅縮水了。」

我看了丹尼斯一眼。他說：「在我這方面，我知道自己過去常帶班恩去打橄欖球，但自從不去了之後，我沒有用其他方式取代這個父子時間……過去這幾個月來，班恩和我已經很少在一起了。」

我說：「我想，你們已經發現班恩的感情需要了。如果你們能滿足他的需要，你們想看見他的行爲模式改變的機會就很大了。」然後，我建議了一些透過精心時刻來表達愛的主要方法，並要丹尼斯把他跟班恩在一起的精心時刻，排進他的時間表裏。我也鼓勵布琳達尋找方法重新做一些她全職工作之前，與班恩常常一起做的事情。他們夫妻倆似乎都很熱切地想把得到的洞見付諸行動。

「這當中可能還牽涉到其他的因素，」我說：「但是，如果你們給班恩大量精心的時刻，然後再穿插一些其他四種愛語，我想你們即將看到他的行爲會徹底地改變。」

說完再見之後，我從未接到丹尼斯和布琳達的信。老實說，我也把他們忘得一乾二淨。但是大約兩年後，我因爲另一個研討會回到威斯康辛州時，他們笑容可掬地迎著我走過來，跟我提起以前會談的情形。在親熱的擁抱之後，他們向我介紹他們帶來參加研討會的朋友。

「告訴我班恩的情況吧！」我說。

他們笑逐顏開地說：「現在班恩的行爲好極了。我們很多次都想寫封信向您致謝，但一直抽不出時間。我們回家以後，照著您的建議做，在連續的幾個月，我們特意給班恩很多精心的時刻。眞的，在短短的兩、三週之內，我們就看到班恩的在校行爲產生了戲劇性的大轉變。事實上，他的老師曾經再把我們請到學校去，使我們很恐慌。但這一次，她只是要問我們究竟做了什麼，使班恩的行爲產生了這麼大的轉變。」

那位老師告訴他們，班恩的負面行爲已經消失無蹤：午餐時不再推走其他學生以接近她，也不會再到她的辦公桌前問個沒完沒了。布琳達向她解釋原因說，她和她的先生在參加過一個研討會之後，開始說班恩的「愛語」。「我們告訴這位老師，我們如何開始給班恩大量精心的時刻。」布琳達說。

這對父母學會了說他們兒子的愛語，用班恩能理解的方式說「我愛你」。

班恩的故事激勵我寫這本書。我的第一本有關愛之語的書，探索當我們說配偶的主要愛語時，他們會如何覺得被愛。在那本《愛之語》的書中，也有一章專門討論如何發現孩子的主要愛語。現在，羅斯．甘伯與我要來探究這五種愛之語能如何幫助孩子覺得被愛。

表達孩子的主要愛語，並不代表他們以後就不會叛逆，但是孩子會知道你愛他，因而使他有安全感和希望，這樣能幫助你把孩子教養成爲一個負責任的成人。愛是教養孩子的基礎。

在養育兒女的事上，凡事都視親子之間愛的關係而定。如果孩子需求的愛無法得到滿足，就沒有什麼方法能行得通了。只有在孩子感覺到被愛和受照顧時，她才會凡事盡力。或許你眞的很愛孩子，但除非她感受得到。除非你所表達的愛語能把愛傳達給她，否則她不會覺得被愛。

塡滿情緒箱子

藉著表達孩子的愛語，你能把他的情緒箱子塡滿愛。當孩子覺得被愛時，施行管教與訓練，比在他的「情緒箱子」接近眞空時，要容易得太多了。

每個孩子都有一個情緒箱子，一個補給他情緒力量的地方，使他能安然渡過孩童與青少年時期的挑戰。正如汽車從油箱得到動力的來源，我們的孩子也從情緒箱子得到精神力量。我們必須塡滿孩子的情緒箱子，使他們能照該有的情形運作，並盡情地發揮他們的潛力。

但是，我們能用什麼塡滿這些箱子呢？當然是愛了。但只有一種特別的愛，能使孩子正常地成長並發揮潛能。

我們要使孩子的情緒箱子充滿無條件的愛，因爲眞愛永遠是無條件的。無條件的愛是一種完全的愛，就是接受並肯定孩子本身，而不是孩子所做的事情。不管孩子做了什麼（或不做什麼），爲人父母者仍然愛他。可悲的是，許多父母親時常表現出一種有條件的愛，他們以孩子本身之外的事物爲條件。有條件的愛常以孩子的表現爲基礎，亦即常與訓練而得的才藝有關，例如：那些表現傑出時能得到禮物、獎賞和榮譽的才藝。

當然，我們需要訓練和管教孩子—但只有在他們的情緒箱子被塡滿之後才能進行。那些箱子只能用一種最高級的燃料：無條件的愛來塡滿。我們的孩子都有愛的箱子等著被充滿（並且再充滿，因爲它們會定期耗盡）。只有無條件的愛才能預防憎恨、不被人愛的感覺、罪惡感、恐懼和缺乏安全感等類的毛病。並且，只有當我們提供無條件的愛給孩子之後，我們才能深入了解他們，進而處理他們不管是好或是壞的行爲問題。

茱莉在一個小康家庭長大。她的父親在居家附近的公司上班，母親是個家庭主婦並兼點差事。她的父母親都是勤奮的人，常以他們的家庭爲榮。茱莉的父親負責燒晚飯，飯後又會與茱莉一同沖洗和烘乾碗盤。每個星期六白天，是他們全家人每週固定做家事的時間，晚上則全家一同享用熱狗和漢堡。星期日早上，這個家庭上教會，然後晚上的時間則與親戚們一同渡過。

當茱莉和她的弟弟還小的時候，父母親幾乎每天都會讀書給他們聽。現在他們既然上了學，媽咪和爹地就鼓勵他們在學業上力爭上游，並希望他們都能上大學，雖然父母已無緣問津。

上初中時，茱莉有一位同學史提芬妮。這兩個女孩子大部份課程都在同一班上課，並一起共進午餐，但她們沒有互訪過對方的家庭，如果互訪過，會發現有很大的差異。史提芬妮的父親是一位成功的業務員，能夠給家裏提供豐富的資源，但大部份時間都不在家；史提芬妮的母親則是一位護士。她的弟弟在外就讀一所私立學校，史提芬妮也曾被送去就讀一所寄宿學校三年，後來她才要求就讀住家附近的公立學校。因爲父親常出城在外，母親的工作又這麼多，這一家人常常在外面飯館用餐。

直到初三，茉莉與史提芬妮都是很親近的好朋友。之後，史提芬妮去她祖父母家附近就讀大學預校。頭一年，這兩個女孩子還互相寫信，後來史提芬妮開始約會，信越來越少，最後完全停止。茉莉另外交了一些好朋友，然後又忙著跟一位轉學來的男生約會。在史提芬妮搬家之後，茉莉就從此完全失去她的音訊了。

如果她們有保持聯繫的話，茉莉一定會很傷心，因爲她的朋友史提芬妮結婚，生下一子後，因爲販毒的罪名被捕，鋃鐺入獄了好幾年。就在這期間，史提芬妮的丈夫也棄她而去了。相形之下，茉莉的婚姻卻很幸福，她育有兩個小孩。

是什麼造成這兩位孩提時代的朋友如此不同的境遇呢？儘管沒有一個肯定的答案，但我們可以從某一次史提芬妮告訴治療師的話中看出端倪。她說：「我從來不覺得我父母愛我，我第一次接觸毒品是因爲我希望我的朋友們喜歡我。」她說這句話，並非想要責備她的父母親，而是想要了解自己。

你知道史提芬妮的話透露了什麼嗎？並非她的父母不愛她，而是她不覺得被愛。大多數父母親都愛兒女，並且也希望兒女覺得被愛，但是很少父母親知道如何充分地表達這種感情。父母只有學會無條件地愛兒女，才能讓兒女知道他們被愛得多深。

孩子如何覺得被愛？

在現代的社會中，要教養一個情緒健康的孩子是個越來越難的工作。當代的毒品市場使大多數父母膽戰心驚；我們的教育系統已經迫使父母採取在家教育，或送兒女到私立學校去就讀；這麼多城市暴力氾濫，使父母懷疑他們的孩子能否順利長大成人。

在這麼冷酷的現實中，我們要對父母們說句滿懷盼望的話。我們希望你能享受到與兒女之間的親愛關係。本書的焦點在於爲人父母非常重要的一面——滿足兒女對於愛的需要。如果兒女覺得自己眞的被父母所愛，那麼在他們生命的各層面都會對父母的指導比較有反應。我們寫這本書的目的，在於幫助你的兒女對你所付出的愛，有一個更深的經歷。當你表達他們能理解並能回應的愛語時，他們就能經歷！

如果要讓孩子感受到愛，我們必須學習表達他們的獨特愛語。每一個孩子都有他自己感受愛的特有方式。基本上，小孩子如同所有的成人一樣，會使用五種方法來傳達和感受愛。這些方法有：身體的接觸、肯定的言詞、精心的時刻、接受禮物，及服務的行動。如果你家中有好幾個小孩，那麼很有可能他們的愛語都會不同。因爲孩子既然常有不同的個性，那麼所接收的愛語就可能會不一樣。通常，兩個小孩子會以兩種不同的方式接受愛。

「無論如何」都一樣的愛

不管孩子最了解的是哪一種愛語，他都需要你透過一種特定的方式來表達：就是無條件的。無條件的愛是一種引導之光，它可以照亮黑暗，並使父母知道自己的光景與如何教養兒女。沒有這種愛，教養兒女是令人爲難與困惑的工作。在我們探討這五種愛語之前，讓我們先看一下無條件之愛的本質與重要性。

我們由無條件之愛所做的事情，給它下一個最佳的定義。無條件的愛就是無論孩子的情況如何，都愛他們。亦即不管孩子長相如何、天資、弱點或缺陷爲何，也不管我們的期望爲何，還有最難的一點是不管孩子的表現如何，都要愛他們。但這並不表示我們喜歡孩子的所有行爲，而是意謂我們對孩子永遠給予並表示愛，即便他們行爲不佳的時候。

這聽起來很像縱容孩子嗎？絕不。這只是先做第一優先的事。採取任何有效的訓練與管教之前，孩子的情緒愛箱先要被塡滿。一個愛箱充滿的孩子對父母的指導會有回應，而不會怨恨。

有些人深怕這會慣壞孩子，但這是一個錯誤的觀念。孩子接受再多正確且無條件的愛也無妨。但一個孩子或許會被缺乏訓練或不當的愛所慣壞，這都是錯誤的訓練和給予所造成的。眞正無條件的愛絕不致於慣壞孩子，因爲父母給再多也不爲過。

這些原則對你來說可能窒礙難行，因爲它們與你先前信以爲眞的想法格格不入。情形若是如此，你要給孩子無條件的愛，可能就不容易了。然而，你若能操練並瞭解好處之後，你會發現比較容易做了。既然你知道因爲愛不同，會產生適應良好又幸福，與沒有安全感、易怒、難以接近、不成熟的孩子之間的差異；請在這裏暫停一會兒，做一些有益於孩子的事情吧！

如果你未曾這樣愛過孩子，在開始做時可能會有困難。但當你無條件地去愛，並在各種關係的層面中變得更會付出與愛人時，你會發現它具有令人驚奇的果效。當然，沒有人是完美無缺的，你也不能期待自己能夠隨時無條件地愛別人。但當你朝著這個目標邁進時，你會發現自己比較有能力愛了。

時常提醒自己留意下列關於孩子顯而易見的特性，對你很有幫助。

1、他們是孩子。

2、他們總是表現得像孩子。

3、大部份孩子氣的行爲是令人不悅的。

4、如果我盡到爲人父母的責任並且愛他們，不論他們多幼稚的行爲，他們也會長大成熟，脫去孩子氣的行爲。

5、如果我只在他們使我高興的時候愛他們（有條件的愛），而且若我只在這些時候對他們表示愛，他們不會覺得眞的被愛。這將會破壞他們的自我形象，使他們覺得不安全，並且妨礙他們採取比較自制且更成熟的行爲。因此，孩子的發展與行爲，是我的責任，正如也是他們自己的責任一樣。

6、如果，我只在他們達到我的要求與期待時才愛他們，他們會有無力感並認爲盡力也沒用，因爲再怎麼做都不夠。他們會被不安全、焦慮、沒有自尊與怒氣所攪擾。爲了避免這點，我要經常提醒自己必須對他們的全方位成長負責。(若你要更進一步了解這點，請閱讀羅斯・甘伯著的《如何眞正地愛你的孩子》How to Really Love Your Child)。

7、如果我無條件地愛他們，他們會對自己感到比較放心；當他們長大成人時，也比較會控制自己的焦慮與行爲。

當然，兒女各有與他們年齡相稱的行爲。十幾歲的青少年與幼兒的表現不同，十三歲大的孩子與七歲大的孩子反應也不一樣。但我們仍要記得，他們尙未成年，還不是一個成熟的大人，所以我們會不時地看到他們做得不好。因此當他們學習成長的時候，我們對他們要有耐心。

愛與……很多東西

本書的主要焦點是孩子對於愛的需要，以及如何供應之。因爲，愛是他們最大的情感需要，且對於我們與孩子的關係會產生重大的影響。別種需要，特別是物質需要，比較容易辨識，並且通常也易於滿足，但它們不像愛那麼能使人滿足且能改變人的生命。沒錯，我們必需供應孩子居住、食物與衣服，但我們也要在他們的心智與情緒的成長與健康上，盡到養育的責任。

爲孩子需要健全的自尊心與適度的自我肯定所寫的書多得汗牛充棟。但自我形象過度完美的孩子會自視高人一等——以爲自己是神給世界的恩賜，可以予取予求；對自己評價過低的孩子，則會被「我不像別人一樣聰明、有運動細胞和漂亮」等思想折磨。他唱的主題曲是「我不能」，但他眞正的實情卻是「我不做」。身爲父母的我們，應當盡力使孩子發展健全的自尊心，使他們知道自己是社會上的重要份子，擁有特殊的才華與能力，並且渴望成爲有所作爲的人。

孩子另一種普遍性的需要是安全感與平安。在我們這個充滿不確定的世界中，要提供安全感是越來越難了。越來越多父母聽到孩子問：「你要離我而去嗎？」這等令人傷心落淚的問題。這個令人悲傷的事實是因爲他們很多朋友的父母已經離開他們了。如果父母中有一位不見了，孩子會擔心另一位也會離開。

一個孩子也需要發展人際關係的技巧，使他視所有人都有同等價值，並透過平衡的施與受的過程來與別人建立友誼。缺乏這些技巧，孩子就會有見人畏縮的危險，直到成人仍是如此。孩子若缺乏人際關係的技巧也可能成爲一個權力至上的怪獸，不惜踩在別人頭上以達到他個人的目的。人際關係的技巧有一個重要層面，就是與權威建立適度的關係。人生的成功有賴於認識與尊重權威。缺乏這個技巧，沒有任何才能會具有重大的意義。

父母應該幫助孩子發展這些特殊才能與天賦，使孩子感受到內在的滿足，並體會到它所帶來的成就感。盡責的父母應該在刺激與鼓勵之間保持微妙的平衡。

最大的是愛

上面所談到的一切，甚至還有更多東西，都是孩子合理的需求。但是，在這本書中的焦點是愛。我們相信孩子對愛的需要，是其他所有需要的基礎。被愛與愛人是人生的沃土，能使人生正面的努力開花結果。

幼年時期

在嬰兒時期，孩子不會分辨牛奶與親情、食物與愛。但如果沒有食物，孩子會餓壞。沒有愛，孩子的情感也會飢渴，並且可能終其一生都無法復原。很多研究指出，人一生的情緒在出生後頭十八個月內奠定基礎，特別是母親與孩子之間的關係更是如此。使嬰兒將來情緒健康的「食物」是身體的接觸、親切的話語，與溫柔的照顧。

學走路的孩子具有比較強烈的自我意識，開始能分辨自己與所愛的對象。

在此之前，是媽媽可以離開孩子的視線，現在孩子也有能力離開他所依靠之人的視線了。當孩子越向外發展，他越學會積極地愛人。他不再是一個愛的被動接受器，而是有回應能力的人。然而，這個能力大多在於擁有別人的愛多過於自己所給予的。接下來的幾年內，孩子表達愛的能力與日俱增，如果他繼續接受到愛，則他愛人的能力也會增加。

幼童期所建立之愛的基礎，會影響孩子的學習能力，並且會大致決定他能開始吸收新資訊的時間。很多孩子還沒有備妥學習能力就上學，亦即他們的感情還沒有成熟到能夠學習的地步。孩子的感情要達到適當的成熟度才能夠照著年齡有效地學習。單單只送孩子到較好的學校或換老師都不是好辦法，我們必須確定孩子的情感已準備好去學習。（要進一步了解愛與學習的關係，請參閱第九章。）

青少年時期

滿足孩子愛的需求並不像聽起來那麼簡單，尤其是孩子在青少年時期，這更是千眞萬確的事實。青少年危機的本身就已經夠嚇人了，但一個情緒箱子空空如也的小孩子進入青少年時期後，更容易受到十幾歲青少年問題的危害。

被有條件的愛養大的孩子，也會照同樣的方式去愛人。當他們到了青少年時期，他們常常會操縱和控制父母。高興的時候，他們會取悅父母；不高興的時候，他們則會折磨父母。這會令他們的父母捉狂，因爲這些父母等著兒女取悅他們，但是這些青少年根本不知道如何無條件地愛父母。這個負面循環的結果，常導致青少年憤怒、憎恨並付諸可怕的行動。

愛與孩子們的感情

兒童主要是感情的動物，他們對世界最初步了解也是情緒性的。最近有些研究證明母親的情緒狀態甚至能影響到她胎中的孩子。胎兒會回應母親憤怒或幸福的感覺，並且在成長過程中，對父母的情緒狀況特別敏感。

在我們甘伯的家族裏，孩子們常常在意父母的感情過於關心他們自己的情緒。例如：其中有個孩子，甚至在連我自己都不自覺的情況下，也能指出我的感覺。我的女兒會說諸如此類的話：「爹地，你在生什麼氣嗎？」雖然我不知道自己在生氣。我會停下來想一想並發現，我仍在爲白天發生的事情生氣。

另外有些時候，我的孩子也會說：「爹地，什麼事使你這麼快樂？」「你怎麼知道我很快樂呢？」我反問，想要知道自己是否透露了什麼線索。有一次我的女兒葛麗回答：「因爲你正在吹口哨，哼著一首輕快的歌。」我甚至都沒注意到自己在吹口哨。

孩子們很了不起，不是嗎？他們對我們的感情很敏感。這就是爲什麼他們能很敏銳地察覺到我們向他們表達的愛，也是爲什麼他們怕我們生氣的原因。我們以後會再進一步討論這點。

我們應該使用孩子能懂的語言把愛傳達給他們。翹家出走的青少年都是那些認爲自己沒人愛的孩子。很多這類青少年的父母會抗議說，他們很愛孩子，這或許也是事實，但他們沒有把愛傳達得很成功。這些父母作飯、洗衣服、提供孩子交通、教育和休閒娛樂的機會。如果無條件的愛能擺在第一位的話，其他這些都是合宜的愛的表示。但是後面這些愛不能取代那最必要的無條件的愛，而且孩子會分辨它們的差異。如果他們領受到他們最渴望的愛，他們會知道得一清二楚。

如何傳達你的愛

很令人傷心的事實就是，很少孩子感受到自己被人無條件地關愛和照顧。但是，很多父母深愛他們的孩子也是事實。為什麼會有這麼大的矛盾呢？主要的原因是，很少父母知道如何把他們衷心的愛傳達到孩子的心中。有些父母以為他們愛孩子而孩子會自動知道。另外有些父母則認為單純地對孩子說：「我愛你」就足以把愛傳達給孩子了。很不幸的是，這些都不對。

用你的行為激發愛

當然，感受到愛並說出來是很棒的，但這還不足夠使孩子覺得他們無條件地被愛。因為孩子是被行為所激發的。他們回應的是你的行動——即你對他們作了甚麼。所以要觸及他們的心，就要照著他們的條件愛他們，也就是採取行動。

這個方法對父母也很有利。例如：如果有一天，你很倒楣而且心情很低落，回家後仍很洩氣，一點都不覺得心裏有什麼愛，但你仍然可以表現出一副很有愛心的樣子，因爲行爲是簡單的。即使當你沒有愛心時，你也能夠把愛給孩子。

你或許會懷疑這樣是否誠實，而且孩子是否會識破之？在某種程度內，他們會看穿，因爲他們對情感有微妙的敏感度。他們知道你並不覺得愛，但他們仍會從你的行動上感受到你的愛。難道你不認爲當你可以不管內心的感覺如何都能夠愛他們時，孩子們可能會更感激和重視嗎？

孩子會因著你對待他們的方式感受到你的感情。約翰壹書三章18節寫道：「小子們哪，我們相愛，不要只在言語和舌頭上，但要在行爲和誠實上。」如果你開始列舉所有愛孩子的行動方法，我不信你能洋洋灑灑地列出一大張。沒有很多方法其實沒關係，因爲你就是要使它簡單才好。有重要關係的是使孩子的情緒箱子滿溢。你只要能簡單地記住，用行動表達愛的方法可以分爲：身體的接觸、精心的時刻、送禮物、服務的行動與肯定的言詞。

訴說孩子的愛之語

正如我們在前面提過的，兒童愛之語有五種，並且孩子可能有一種主要的愛之語，使我們最能把愛傳達給他們。表達孩子的愛之語最能夠滿足他們對愛深切的需要。這並不代表你只要表達一種愛語就好，孩子需要所有的五種愛語，才能使他們的情緒箱子充滿。所以父母必須學會如何講好所有的五種愛語。接下來的五章將會逐一討論這些愛之語。

孩子能從所有的愛之語領受到愛。但大多數孩子仍然有一個主要的愛之語。當你要有效地滿足孩子對於愛的需要時，發現孩子的主要愛語是極為重要的。

從第二章開始，我們將幫你找出孩子的主要愛語。然而，這裏有一個值得注意的地方，如果孩子的年齡在五歲以下，別想找出他的主要愛語，你找不到的。這孩子可能展現出一些蛛絲馬跡，但他的主要愛語清楚可見的情形是少之又少。五種愛語都說就是了。溫柔的接觸、鼓勵的話語、精心的時刻、送禮物並服務的行動都可以滿足孩子對於愛的需要。如果這種需要滿足了，孩子便會覺得眞正的被愛，那他在其他領域的學習與反應就容易得多了。這愛成爲孩子其它需要的接觸面。當孩子年紀漸長時，你也要對孩子說所有的五種愛之語，儘管他最愛其中一種。

第二個該注意的地方，當你發現孩子的愛之語，而他又領受到所需的愛之後，別以爲此後他就會一帆風順了。這當中仍然會有挫折與誤解。但孩子猶如一朵美麗的花，會從你的愛中得到益處。當愛的水源澆灌的時候，孩子會百花齊放並向世界綻放出美麗的風姿。缺少這個愛，她會變成一朵枯萎的花，乞求一點水份的滋潤。

因爲你希望孩子完全長大成熟，所以你要用所有愛語向他們表達愛，並且教導他們自己也會使用這些愛語。這個價値不僅達到孩子身上，也會傳達到孩子生活與接觸的人群中。成熟的大人有一種記號，就是他會使用並感受所有的愛語—身體的接觸、精心的時刻、肯定的言詞、接受禮物和服務的行動。但很少成人能做到這點，大多數人只能使用與接受一、兩種愛語。

如果這不是你以前做過的事情，你或許會發現自己在人際關係的認知和品質上都在成長和變化中。時候一到，你將會有一個眞實且許多愛語的家庭。

第2章

愛的語言之一：身體的接觸

Love Language#1 : Physical Touch

珊曼莎是小學五年級的學生，她家最近搬到新社區。她說：「今年眞難過，搬了家，還要結交新朋友。在原來的學校裏，我認識每一個人，他們也都知道我。」於是我們問她曾否覺得父母不愛她，因爲他們把家搬離原來的學校與城鎭。珊曼莎說：「哦！才不哪，我從不覺得他們是故意的。我知道爸媽愛我，因爲他們總是格外地給我許多擁抱和親吻。雖然我但願我們不需要搬家，但我知道爹地的工作重要極了。」

珊曼莎的愛語是身體的接觸，這種接觸傳達出父母的愛。擁抱和親吻是表達這種愛語最常用的方式，但是仍有其他方法能達到相同的目的。例如：一位父親把一歲大的孩子輕輕地向空中抛舉，把七歲大的女兒繞得團團轉使她開懷大笑，或是一位媽咪把三歲大的孩子擁在懷中唸故事書給他聽……等等。

父母與孩子之間身體的碰觸確實會發生，但遠不如你想的那麼頻繁。許多研究報告指出，很多父母只在必要時才碰孩子。例如：當他們替孩子穿衣、脫衣，帶上車或上床時。他們似乎不了解孩子多麼需要碰觸，也不了解用這種方式能輕易地使孩子的情緒箱子充滿無條件的愛。

身體的接觸是最易於使用的愛語，因爲父母不需要等候特殊場合或理由就能與孩子作身體的接觸。父母幾乎不斷地有機會藉著接觸把愛傳到孩子的心中。接觸的愛語並不限於擁抱與親吻，而是包括所有的身體接觸在內。甚至在很忙的時候，父母也可以常常輕觸孩子的背部、手臂或肩膀。

儘管有些父母很會坦率地表露感情，但也有些父母幾乎是盡量避免碰觸孩子。造成這種很少身體接觸的原因，常是因爲父母不了解自己的行爲模式，或是不知道如何改變自己的模式。因此很多父母很高興能學會這個表示愛的最基本方法。

弗列得對於他與四歲的女兒賈妮的關係憂心忡忡，因爲賈妮見了他總是退避三舍，似乎存心不要跟他在一起。弗列得的心胸寬大，而也是一位內斂且常常保留感情的人。他對於用肢體表示感情總是感到不自在。但因爲想跟女兒賈妮接近，他願意作些改變，開始以輕觸她的手臂、背部或肩膀表示關愛。他漸漸地更多使用這種語言，最後，他能夠擁抱和親吻掌上明珠，而不會感到不適。

這種改變對弗列得來說，可不是一樁小事。但弗列得最後還是坦率地表達愛了，因爲他發現賈妮亟需父愛，如果賈妮得不到，便會對他怒目相向。弗列得知道賈妮若缺乏父愛，將會扭曲她將來與其他異性的關係。

幼童需要你的接觸

弗列得發現了這個愛語的力量。近年來，許多研究得到相同的結論：常被人握著、擁抱和親吻的嬰孩，比那些被人長期甩在一邊且無人碰觸的孩子更容易發展出健全的感情生活。

身體的接觸是最有力量的愛語之一，它大聲地喊著：「我愛你」！碰觸孩子的重要性可不是近代的觀念。主後第一世紀，住在巴勒斯坦的希伯來人帶孩子到耶穌跟前，「要耶穌摸他們」。馬可福音的作者記載說，耶穌的門徒責備這些父母，因爲認爲他們的夫子要忙的重要事情太多了，哪有閒工夫花在小孩子身上呢？但耶穌看見，就惱怒這些門徒，說：「『讓小孩子到我這裏來，不要禁止他們；因爲在神國的，正是這樣的人。我實在告訴你們，凡要承受神國的，若不像小孩子，斷不能進去。』於是抱著小孩子，給他們按手，爲他們祝福。」（註1）

你將會於第七章學到發現孩子主要愛語的方法。也許不是身體的接觸，然而無所謂，因爲所有孩子都需要人觸摸，而且在很多文化中，聰明的父母都了解觸摸孩子的重要性。他們也發現讓孩子接受其他重要成人的溫柔觸摸很重要，例如：祖父母、老師與宗教領袖的觸摸。沒錯，那些需要身體的接觸爲主要愛語的孩子需要更多的撫觸，但所有的孩子也都需要成人的擁抱與撫摸，才會感受到「我愛你」的事實。

很多人因爲擔心性侵犯而不敢給孩子健全的觸摸。這太不幸了！或許恐懼使你不敢運用這個最自然的表達方式表達愛。沒錯！我們知道有些成人做了扭曲與邪惡的性行爲，這些罪犯應該被起訴並加重刑罰。但沒有任何人擁抱孩子就該被懷疑是戀童癖。我們也許需要注意一些防範措施，但我們不必讓這種被告的恐懼使我們不敢適度地表露愛的感情。你對於擁抱和親吻自己的孩子、年幼的親戚，以及在你影響範圍之內的孩子，應該覺得自由自在。

成長階段中的身體接觸

嬰兒與學走路的幼童

小孩子在出生後的最初幾年，需要大量身體上的接觸。幸運的是，擁抱和撫摸嬰兒幾乎是媽媽的天性，並且在大多數文化中，父親也會積極地對幼兒付出感情。

但在忙碌的美國社會中，現代的父母接觸孩子，已不如以前他們的父母接觸他們那麼頻繁了。現代父母的工作時間很長，回家後常常都累垮了。如果一位母親出外工作，她必需確定替代者能常常觸摸孩子。孩子是會整天都被親切地撫摸，或會被擱在嬰兒床上，沒人照顧沒人愛呢？在育嬰中心，不管是在換尿布、餵奶或抱著行走時，嬰孩都應該得到親愛與溫柔的觸摸。即使是一個嬰兒，也能分辨溫柔的接觸，或粗暴急躁的舉動。父母們要能確保自己不在時，孩子會得到出於愛心的照顧。

當一個嬰兒漸長並變得比較活潑時，身體接觸的需要並不會減少。擁抱、親吻、地上摔角、騎馬戰，或其他好玩的愛的接觸，對孩子的感情發展都極為重要。孩子每天需要很多有意義的身體接觸，父母要盡可能地作出這種愛的表達。如果你的天性不是一位「擁抱者」，或許會覺得這種方式違反你的自然傾向，但是你可以學習。當我們了解愛的觸摸對孩子的重要性，我們就會有改變的動機。

小男孩與小女孩同樣需要身體的愛，但小男孩接受的通常比小女孩少。產生這種情形的原因很多，而最普遍的是，父母覺得身體的接觸或多或少會使一個小男孩女性化。當然，這不是眞的。事實上，父母越使孩子的情緒箱子充滿，孩子的自尊心與性別認同會愈健全。

學齡孩子

當孩子開始上學時，他仍然迫切地需要身體的接觸。當他早上離去時，你是否給他一個擁抱，是使他一整天有、無安全感的關鍵。回來時，你是否給他一個擁抱，會決定孩子有一個心智和身體活動都很積極的平靜晚上，或是一個努力要爭取你注意的吵鬧晚上。這是為什麼呢？因為孩子在學校裏，每天都要面對新的經驗，並且對老師或同學都有或好或壞的情緒，因此，家庭應該是個天堂，一個肯定有愛的地方。所以切記，身體的接觸是一個強而有力的愛語之一。當它表達得自然並且使人舒服時，孩子會變得比較舒坦，而跟別人溝通時會大方自在。

有些人或許會爭辯說，但我有兩個男孩子，當他們愈來愈大時，對愛的需求就比較少了，特別是在身體的接觸方面。這是不對的觀念。所有的孩子，在整個孩童與青少年時期都需要身體的接觸。很多七到九歲的男孩子，會經歷一個拒絕愛的觸摸時期，但他們仍需要身體的接觸。他們的傾向是，對於活潑有力的身體接觸方式比較有回應。例如：摔角、推擠、玩笑式的打擊、熱烈的擁抱、擊掌等等。女孩子也會喜歡這種接觸方式，但她們不會抗拒比較溫柔的碰觸；因為跟男孩子不同的是，她們不會經歷抗拒親愛觸摸的時期。

在這個時期，很多身體的接觸來自於運動。籃球、橄欖球和足球都是接觸運動。當你們在後院一起玩球時，你們就是同時在進行精心時刻與身體接觸。但接觸不能僅限於這些運動中。迅速的摸一下孩子的頭髮、碰一下他的肩膀或手臂、輕拍他的背和腿，並加上幾句鼓勵的話，對於成長中的孩子都是很有意義的愛的表示。

父母最喜歡的一種身體接觸方式，就是一面抱著孩子，一面讀故事書。這使父母能夠持續接觸孩子比較久，而一些對孩子深具意義的故事，也會成爲孩子終生的記憶。

其他身體接觸的重要時刻是：孩子生病、身體或感情受傷、疲倦、喜樂或悲傷時。這時候父母要確定自己對待男孩子的方式跟女孩子是一樣的。大多數男孩子在某些成長時期，往往會把身體表達的愛視爲女性化；當他們抗拒的時候，父母就容易跟他們保持距離。有些成人也認爲，男孩子在某些時期比較不可愛。如果父母有此感覺，抵擋這種感覺是很重要的，應該繼續給男孩子所需的身體接觸，即使他們表現出好像不喜歡的樣子。

邁向青少年的孩子

當孩子上中、小學的時候，千萬要記得爲他們準備好面對孩子最艱難的時期——青少年期。當孩子還小的時候，要充滿他的愛箱比較容易，當然小孩子的愛箱也掏空得很快，立刻需要再充滿。當孩子成長時，情緒的愛箱也會成長，而要使它充滿就比較困難了。最終，一個小男孩會長得比你高大、強壯，且更精明！而小女兒會變成一個美麗賢淑的女士，比你更耀眼、更聰明！

你必須持續地用愛充滿他們的情緒箱子，即使在他們沒有打出需要的信號時亦然。當男孩子接近青少年時期，他們或許會排斥身體接觸，因爲怕自己太女性化；女孩子卻可能覺得父親冷淡了。如果，你要適當地爲青少年期以前的女兒之將來作準備，不要停止這些接觸。原因如下：

在青少年期以前，女孩子對父愛有一種特別的需要，這與男孩子不同，她需要被無條件地愛，且這種需要與日俱增，直到十一歲左右達到頂點。產生這個特別需要的一個原因是，媽媽們在這個階段所做的身體撫觸通常比父親多。

如果你觀察一群在學的六年級女生，你會發現已經準備好進入青春期的女孩與那些仍在掙扎中的女孩子，有所差異。當一個女孩子進入生命中的這個敏感時期，她直覺地知道必須覺得自己很棒。她也不自覺地知道自己要有良好的性別認同，以便平安地走向未來的歲月。對她而言，覺得身爲女性很有價值是極爲重要的觀念。

當你觀察這些女孩子時，會發現有些女孩子很難跟異性融洽相處。她們或者害羞、退縮，或者輕浮、勾引。雖然男孩子對美麗女孩的調情會受寵若驚，但他們都不會看重她，並且常會在私底下取笑她。但這種女孩子的眞正苦惱還不在於名譽，而在於她與其他女孩的相處關係。因爲她對男孩子的行爲，使別的女孩子嫌惡她。在這個年齡，得到其他女孩子正常與支持的友誼，遠比她跟男孩子相處得很好來得重要。因爲這些友誼將會樹立一生的典範。

你所觀察的女孩子當中，有一些對男孩子不會有不自在的表現。她們大方自然，因爲她們有健全的自尊心與性別認同。她們的行爲模式是和諧且穩定的，不論她們互動的對象是足球四分衛的明星球員，或是害羞且畏縮的男生。你也會發現男孩子對這類的女生很尊重。最棒的還是，她們與其他女孩子會有親密、支持與好的關係。

有堅強、健康的性別認同與自尊心的女孩子，比較能夠對抗負面的同儕壓力。她們通常也比較能夠持守在家裏被教過的道德標準，且有能力爲自己著想。

有些女孩子與同儕的關係有問題，另有一些則跟同儕相處得很好，是什麼使得這些女孩子有這種不同呢？你猜看看！原因就在情緒的愛箱上。大多數表現良好的女孩子背後往往有一位父親很盡責地使她們的愛箱常常充滿。但家裏沒有父親的女孩子，也未必全然無望，她或許會找到一位良好的父親替代人，例如祖父或叔伯。很多沒有父親的女孩子仍能夠長大成爲一位各方面都很健全的婦女。

十幾歲的青少年與身體接觸

當孩子長到十幾歲時，用積極的方式並在正確的時間與地點向他們表達愛是很重要的。母親絕不可在兒子的同儕面前擁抱他，因爲他正在發展獨立的人格，這種行爲會使他覺得尷尬，也可能會使他以後成爲被人取笑的對象。然而，在一天結束時或孩子打橄欖球並玩得筋疲力盡回到家裡之後，媽媽的擁抱或許就能眞正地被他當作愛的表達而接受。

有些父親不敢再擁抱和親吻十幾歲的女兒，覺得這段時期並不適宜。但事實上，正好相反。十幾歲的女兒需要父親的擁抱與親吻，如果父親不如此，她可能從別的男人那裏尋找肢體的接觸，並且是不正當的接觸方式。但是，父親的接觸，時間與地點仍然是重要的因素。在公共場合，除非女兒主動擁抱，否則避免這種動作才是明智之舉。但是在家中，你大可主動地擁抱她。

十幾歲的青少年會發現擁抱和其他方式的愛的碰觸對他們都大有幫助，特別是當他們經歷難關，或與學校很難的功課奮鬥時。而且別忘記，同性父母親的擁抱也很重要。父親擁抱兒子、母親擁抱女兒，在孩子成長的每一個階段都適宜。一個兒子需要父親愛的接觸，正如需要母親的一樣。而一個女兒需要母親充份的擁抱與愛，正如需要父親的一樣。

如果你肯尋找向青少年孩子表達愛的觸摸方式，你將會找到。譬如，當他作完喜愛的運動回來，全身痠痛並很疲倦的時候，你幫他揉搓肌肉僵硬的地方使它鬆弛，或當他專心讀書好幾個小時之後，可以按摩他痠痛的頸部使他放鬆一下，並給他一些愛的撫觸。而很多孩子也喜歡人家抓抓他的背部，即使他們已長大且不住在家裏了。

然而，你不要強迫與十幾歲的孩子身體接觸，如果他掙開你的擁抱，或當你碰到他肩膀時他跳開，你就要適可而止。也許是有某些原因，使孩子在此時不要人碰觸。這個原因可能跟你毫無關係，也可能是你們之間某些方面出了問題。這種年紀的青少年充滿情緒、思想和願望，並且有時候就是不喜歡別人碰觸他。你要尊重他們的感情，不管他們是用話或行動表達出來。然而，如果他一直拒絕你的碰觸，那你就需要安排一段時間和他談談這些。

請記得，你是孩子的角色典範，他們會注意你的身體接觸方式。有個方式你能看出孩子是否仿效你，就是觀察他們使用的身體接觸方式。你可能會很驚喜地看到，孩子有效地運用這種愛的語言——身體接觸——在與別人交往。

當孩子的主要愛語是身體接觸時

你孩子的主要愛語是不是身體的接觸呢？請務必讀第七章以確定之。然而這裏也有一些提示。對於了解這種愛語的孩子，身體的接觸比說「我愛你」、送禮物、修理自行車，或花時間跟他在一起⋯等，更能傳達愛意且更深入。當然，他們從所有愛語中都能領受到愛，但對他們來說，傳達得最清楚並最大聲的就是身體的接觸了。沒有擁抱、親吻、輕輕拍背，或其他用身體表達愛的方式，他們的愛箱就無法充滿。

當你用身體接觸這類孩子時，你愛的信息會大聲且清楚地傳達給他們。一個溫柔的擁抱能把愛傳給任何一個孩子，但對需要這種愛語的孩子而言，溫柔的一觸就能把愛強烈地傳達出來。相反地，如果你用身體的接觸表達怒氣或敵意，你會深深地傷了這孩子。打一下耳光會傷到所有孩子，而對愛語是身體接觸的孩子來說，這是致命的一擊。

瑪麗蓮，直到她兒子喬伊十三歲時，仍未學到這五種愛的語言。在一個愛之語研討會結束時，她轉向一個朋友說：「現在我終於瞭解喬伊了。這幾年來，他總是一直找我麻煩，當我洗碗時，他會走到我的背後用手環繞我的臉，遮住我的眼睛。如果我走過他身邊時，他會伸出手來捏我的手臂。當我經過他的房間，如果他躺在地上，他就會抱住我的腿。有時，他會把我的雙手拉到背後。當我坐在沙發上時，他常常伸手弄我的頭髮，但因爲我告訴過他別碰我的頭髮，所以他已經不再這麼做了。喬伊對他的父親也一樣，通常他們都會因此摔起角來，兩人在地上扭成一團。」

「現在，我知道喬伊的主要愛語是身體的接觸。這些年來，他之所以要碰觸我，乃是因爲他要我觸摸他。我承認自己不是一位很好的撫觸者——我父母是不會擁抱的人。我現在才明白我的丈夫用他的摔角與扭打的方式來愛喬伊，但喬伊想從我這裏得到愛的努力卻遭到我的拒絕，我怎麼錯得這麼離譜呢？現在一切似乎都清楚了。」

當天晚上，瑪麗蓮跟丈夫討論這個研習會。克利斯對所聽到的十分驚訝，告訴瑪麗蓮說：「我從未想過摔角是一種愛的表示，但聽起來卻言之有理，我所做的對我而言是很自然的，事實上，身體的接觸也是我的主要愛語。」

當瑪麗蓮聽到這話，她的心中閃現了另一道亮光。難怪克利斯總是要擁抱和親吻。即使當克利斯對性沒興趣時，他仍是瑪麗蓮所遇到對觸覺最敏感的人。那天晚上，瑪麗蓮覺得她被這麼多見解壓得喘不過氣來，但她仍然決定要學習表達身體接觸的愛語。她想從回應他們的接觸開始。

下一回，當喬伊走到水槽來，用手遮住她的眼睛時，瑪麗蓮把她濕淋淋的手從水槽抽出來，轉向喬伊，給他一個很熱烈的擁抱。喬伊被嚇了一大跳，但笑得開心極了。然後，下一次克利斯擁抱和親吻她時，瑪麗蓮也熱情地予以回報，一如他們當初約會時一樣。克利斯笑著說：「我要把妳再送去參加研習會，這玩意兒還眞管用！」

瑪麗蓮堅持要學習一種嶄新的愛語，到了適當的時候，接觸對她變得自然又舒適。在她完全放得開之前，克利斯和喬伊早就因她的身體接觸受益無窮了，並且用她的主要愛語——服務的行動來回報她。喬伊洗碗，克利斯除塵掃地，瑪麗蓮覺得自己似乎已經置身天堂了。

孩子們說的話 ＊＊＊

對很多孩子來說，身體接觸的愛語比肯定的言詞、接受禮物、精心的時刻或服務的行動都顯得更大聲，沒有身體的接觸，他的愛箱永遠不會滿盈。請看這些孩子對身體接觸產生之力量所說的話。

艾利森，七歲：「我知道媽咪愛我，因爲她擁抱我。」

傑利米，大三學生，他告訴我們自己怎麼知道父母愛他的。他說：「他們總是這樣——就我記憶所及，每次我要離開家時，我都會從媽咪得到一個擁抱和親吻，並從爹地得到一個擁抱，如果他在家的話。並且每次我回家，這些也都會重演一次，至今仍然如此。我有些朋友無法想像我父母的行爲，因爲他們不是出生於一個善於身體接觸的家庭，但我可是喜歡得很。我仍然期待父母的擁抱，它使我打從心裏覺得溫暖。」

十一歲的馬可被問到：「在一個從零到十的刻度表上，你的父母親愛你有多少？」他眼也不眨一下就回答說：「十。」當我們詢問他爲什麼覺得這麼強烈時，他回答說：「喔，一方面是他們告訴我的，而更明確的是來自他們對待我的方式。爹地每次經過我身邊的時候，總會撞一撞我，然後，我們會在地上摔起角來。他眞好玩！而媽咪總是擁抱和親吻我，儘管她在我的朋友面前不會這麼做。」

傑西卡，十二歲，大多數時間都跟母親住在一起，每隔一週的週末則跟父親見面。她說自己覺得父親特別愛她。當我們問她爲什麼時，她說：「因爲，每一次我去看他時，他都會抱著我親吻，並告訴我他多麼高興看到我。當我要離開時，他會把我抱得很久，告訴我說他會想念我。我知道媽咪也愛我—她爲我做很多事—但我希望她擁抱我，並跟爹地一樣興奮地表示跟我在一起有多棒。」

如果身體的接觸是孩子的主要愛語，而你本身卻不是一個天生喜愛碰觸的人，然而你願意學習孩子的愛語，就從觸摸你自己開始吧！這或許會很有幫助。這可不是隨便說說而已，我們是說眞的。首先，舉起手來觸摸你的手臂，從手腕開始慢慢地摸到肩膀，按摩一下自己的肩膀；現在用另一隻手，在另一邊也照樣做一次，然後用雙手摸頭髮，當你從前面摸到後面時，順便按摩頭皮，再把雙腳放在地上坐直，帶著節奏拍拍腿。如果你願意的話，把一手放在胃上，然後屈身向前，摸你的腳並按摩你的腳踝，最後坐起來，說：「好啦，現在我辦到了。我觸摸了自己，也可以觸摸我的孩子了！」

對於那些從來沒有被觸摸過或對觸摸渾身不自在的人，這個練習是打破身體接觸之障礙的第一步。如果你是這種人，或許要一天一次重覆作這個練習，直到你有一天鼓起勇氣主動碰觸孩子或配偶。一旦你開始行動，便可以設定一個目標每天觸摸孩子。最後，你每天可以碰觸孩子好幾次。每個人都能學會身體接觸的愛之語，而且如果它是你孩子的主要愛語，更值得你盡力一試。

附註

1. 馬可福音十：13～16

第3章

愛的語言之二：肯定的言詞

Love Language#2 : Words of Affirmation

十四歲的菲立普說：「我的父親愛我嗎？當然了！因為當我打球的時候，他總是到場為我加油，並且球賽後總會對我說：『謝謝你這麼努力打球。』他說打球的主要目的不是贏球，而是要盡力而為。有時候我犯了錯，他都勸我別擔心，他說如果我繼續努力就會做得更好。」

就傳達愛來說，話語是很有力量的。親切和摯愛的話、讚美和鼓勵的話，以及所有能給予正面引導的話都是在說：「我在乎你。」這種話如同柔和、溫暖的雨水落在靈魂的心田裏，能夠滋養孩子內在的價值與安全感。即使這些話說得很快，它們卻不會很快地被遺忘。一個孩子可能因為一些肯定的話而終生受益。

相反地，因為短暫的失敗而發出的尖銳話語會傷害孩子的自尊心，使他懷疑自己的能力。孩子們認為我們深信自己所說的一切。對於這點，古老的希伯來箴言並沒有言過其實，它說：「生死在舌頭的權下。」（註1）

第二種愛的語言是「肯定的言詞」。有些孩子從別人肯定的話中感受到最大的愛。誠如我們即將了解的，這些言詞未必是「我愛你」三個字。

親切和愛的話

在了解話語的意義之前，孩子們就能接收感情的訊息。音調高低、語氣柔和度、關心的氣氛等等，都能傳達感情的溫暖和愛。所有父母親都會對他們的嬰兒說話，而寶寶所了解的是配合身體的靠近而有的，例如父母臉上的表情和親切的聲音。

因爲幼童的用字和觀念成長得較慢，他們不會全然懂得我們說話的意思，即使當我們說「我愛你」時也一樣。愛是一個抽象的觀念，他們不能看到愛如同看到一個玩具或一本書。因爲孩子傾向於思考具體的物品，所以當我們表達愛的時候，我們必須幫助他們了解其意義。當孩子能夠把「我愛你」跟摯愛的感情聯想在一起時，這三個字就具有更大的意義，而它常常代表的是身體的親近。例如：當你在小寶寶睡前，手中抱著他，口裏念故事書給他聽，在故事進行中，若孩子的感受到溫暖和愛時候，你可以輕輕地說：「小寶貝，我愛你。」

一旦小寶寶開始了解你說「我愛你」這句話所代表的意義時，你就能把這三個字應用在其他方面或場合，使它們與日常生活中的一般事件聯結，例如：送孩子出去玩或上學時。你也能把愛的話語與你對孩子某些事情的眞心讚美結合在一起。艾麗絲，現在是兩個孩子的母親，她說過：「我記得母親常提起我那一頭美麗的紅髮。在我上學之前，她替我梳髮時的正面評語，留在我的自我意識中一直堅定不變。幾年以後，當我發現我們這些紅髮族是少數民族的時候，我從未對自已的紅髮有過負面的感覺。我確信這與母親充滿愛的評語是息息相關的。」

讚美的話

讚美和喜愛常常交織在我們給小孩子的信息中，我們需要區別這兩者。喜愛代表的意義是欣賞孩子本身，也就是對屬於孩子個人的某部份特質與能力加以欣賞。相反地，我們的讚美乃是針對孩子所做的事，或者在成就，或者在行爲，或者在他有意識表現的態度上。所以我們在這裏所使用的讚美，針對的是孩子有能力控制的事情。

若要所說的讚美對孩子眞正具有意義，你就必須謹愼所說的話。如果你讚美得太頻繁，你的話正面的效益就很小。例如：你或許會說諸如「妳是個很好的女孩子」之類的話，這些都是很棒的話，但你要有智慧地使用它們。說這句話比較有效的時機是當孩子完成了一些他自覺很好並且應受誇獎的事情時。對於明確事件的讚美，這點顯得特別眞實。例如，你說「這球接得眞好！」而事實上那只是一記很平庸的接球，這句讚美的話可能就沒有正面的效用。小孩子很會區別恰到好處的讚美與那些只是討好他們的話，並且他們會視後者爲虛僞。

常說的隨意讚美是很危險的，其中一個原因是，有些孩子因爲太慣於受到這種讚美，以致他們覺得這是很自然的，並且總是期待得到讚美。一旦面臨沒有受到讚美的情況時，他們可能就認爲自己出錯了，並且焦慮起來。當他們看到其他孩子並沒有接受到那麼多捧場時，他們可能會納悶這些孩子爲何會那麼過度地渴望讚美。

當然，我們要讚美自己所關心的孩子，但我們要確定這些讚美是眞實且恰當的。否則，孩子或許會將它當作是諂媚，這在他們看來如同謊言。

鼓勵的話

「鼓勵」（encourage）一詞的意思是「灌輸勇氣」。我們要給孩子勇氣並激勵他們試著做得更多。對一個幼童來說，幾乎每個生活經驗都是新的。學習走路、說話或騎小自行車都需要勇氣。我們說的話若不能鼓勵孩子，就會打擊孩子的努力。

語言病理學家說孩子藉著模仿大人來學習講話。如果大人不僅把字音清楚地發出來，並且用話鼓勵孩子使他努力把字說得正確，就可以加強這個學習過程。例如下面的話：「說得很接近了、說得很好、是的、很棒、你辦到了」，不但能鼓勵孩子學習現有的字，也有助於他發展將來的字彙。

在孩子學習社交技巧時，這個原則也同樣能適用。「我很高興看到你跟瑪麗共用黏土。當我們與人共享東西的時候，生活就悠然自在多了。」類似這種話能給孩子一個內在的動機來對抗人類聚斂的習慣。或者一個作父母的人對六年級的孩子說：「傑生，我注意到今晚比賽後，你很專心聆聽史可特對這場比賽的看法。我以你爲榮，因爲你全神貫注地注意他而不管別人經過時拍你的背。傾聽是你能給別人的一種最大的禮物。」父母培養傑生學會傾聽，這是人際關係領域裏的一項最重要的藝術。絕對不要低估鼓勵的話對孩子的影響力。

你或許會發現自己很難開口說鼓勵的話。請記住一點，當我們受到鼓勵時會產生一種現象，那便是覺得全身輕鬆有力。精神充沛和活力生機都需要能力，這代表我們身爲父母的人必須在身體、心智、感情和靈性上都健康。當我們自己覺得受到鼓勵時，我們就比較能夠鼓勵孩子了。在雙親健在的家庭裏，父母親必須彼此鼓勵；若生活在一個單親家庭裡，就得找一位能提升孩子靈性和體能的朋友或親戚。

怒氣是鼓勵孩子的最大敵人。父母的怒氣越多，會把越多的怒氣傾倒在孩子身上，最後的結果是塑造了一個會反抗權威和父母的孩子。這意思自然是，一個思慮周密的父母要盡力平息自己的怒氣——使它減到最低並且用成熟的方式處理。

箴言的作者很有智慧地說：「回答柔和，使怒消退；言語暴戾，觸動怒氣。」（註2）父母說話的音量，會非常明顯地影響到孩子的反應。說話柔和要經過訓練，但我們都能學會。當我們對孩子生氣的時候，我們也能學會用愉快的方式說出來，這常常是在句子結束時提高聲調，並且儘可能地用問句而非發佈命令。舉例來說，請問下面哪一句話比較能鼓勵孩子或青少年？「立刻把垃圾倒掉！」或「請你把垃圾倒掉好嗎？」保持愉快並平息怒氣是一本萬利的投資。當我們鼓勵孩子做一件特別的事時，他們比較有可能善意地回應我們的想法而不會斷然拒絕。

幾年前，讀者文摘刊登過一位卓越的高中數學老師的故事。有個禮拜五下午，她要明尼蘇達州莫里斯市的聖瑪麗高中的學生拿出一張紙來，列舉班上所有其他學生的名字，名字之間要空開。然後，她吩咐他們想一想每位同學最好的優點，並且把它寫下來。等他們寫完後，她把他們寫的字條收回去，在週末把每位學生的名字寫在另外一張單獨的紙上，下面列著每個人對這名學生所寫的話。到了禮拜一，她送給學生每人一張紙，上面寫著別人在他身上看到的優點。

開始讀的時候，他們交頭接耳地說：「我從來不知道那件事對別人會有意義。」或「我不知道別人會這麼喜歡我」。他們並沒有在班上討論這些紙條，但這位老師知道這個作業很成功，因爲它使學生們對自己有一個十分正面的看法。

幾年以後，這個班上的一位學生，馬可．艾可隆德在越南戰死。當他的遺體被運回明尼蘇達州後，大多數同學和那位數學老師都出席參加他的葬禮。在追思禮拜後的午餐時，這個年輕人的父親對老師說：「我要給妳看件東西」，然後從口袋裏掏出一個皮夾子，「馬可被殺時，他們在馬可身上找到這個東西。我們想妳應該會認得它。」他打開皮夾子抽出兩張破舊的筆記紙，它已經被打開並折疊過無數次。那就是同學們列舉馬可優點的單子。

「謝謝妳這麼做，」馬可的母親對這位老師說：「正如妳所看到的，我們的兒子把它當作寶貝。」然後，馬可的同學開始一一地表示，他們仍然保留著自己的那張單子，並且常常讀它。有些人把它放在皮夾裏，甚至有人把它鑲在結婚相簿裏。某個人說：「我相信我們都保留著自己的單子。」（註3）

引導的話

當所有的焦點都集中在孩子做的一件事上時，鼓勵的話會顯得最有果效。這種目標著眼在孩子表現很好的地方，然後稱讚他。然而這遠比逮住孩子做錯事並教訓他難得多。但是，它能得到的結果卻值得你全力以赴：它能引導孩子在道德和倫理上發展。

孩子需要引導。他們在一種特殊的語言情況中學會如何說話，也在一個特定的群體中學會如何行事爲人。在大多數文化中，父母親承擔了使孩子社會化的主要任務，不但包含社會的應盡義務和禁令，也包括倫理和道德的發展在內。

所有孩子都會被一些人所引導。如果身爲孩子父母的你，不是孩子的主要引導人，那麼其他影響力或人物會取代這個角色——學校、電視、其他成人，甚至是其他仍被人引導著的小孩子。請問自己這個問題：我的孩子是否接受了正面和愛心的引導？愛的引導表示總是關心著孩子的最佳利益，它目的不在於光宗耀祖，而在於幫助孩子發展對他將來有用的特質。「引導的話」爲孩子的未來提供指引，它是第二種愛語中很有力的要素。

一般父母太常用不對的態度傳遞對的信息。他們告訴孩子要遠離毒品，但是他們既刺耳又凶暴的說話方式卻把孩子逼向毒品。引導的話要用正面的方式講出來。一個正面的信息若用負面的方式傳達，所獲得的就是負面的結果。正如有位孩子所說：「我的父母總是對我大吼大叫地命令我不許大喊和尖叫。他們要我做他們自己都還沒學會的事情，這太不公平了！」

另一個障礙在於很多父母把引導當成禁令練習。「不要喝酒，如果你喝酒就不要開車」、「不要懷孕」、「不要抽煙」、「不要碰毒品」、「不要超速」等等。這些都是好的警告，但不足以引導孩子發展有意義的人生。禁令確實是父母引導的一部份，但絕不是主要的部份。聖經記載，在伊甸園中神只給亞當和夏娃一個負面的禁令，其餘的都是正面的引導。神賜給他們有意義的工作，使他們的生活充滿有生產力的活動。不久之後，當以色列的百姓到達西乃山時，他們受頒十誡，其中五條是正面的，另有五條是負面的。而主耶穌的登山寶訓則完全是正面的引導。

負面的引導是必要的，但只是我們引導孩子的一部份。最至高無上的法律就是愛的法律。充滿愛心、正面的引導才是孩子最迫切需要的。如果我們引導他們追求正面、有意義的事物，他們就比較不會成爲我們告誡要避開危險事物之下的犧牲品。很多年輕人承認自己初次接觸毒品的原因是被惹煩了。

用愛語來引導的父母會仔細觀察孩子的興趣與能力，並用正面的言詞來強化這些興趣。從學術追求、簡單的禮儀，到人際關係的複雜藝術，父母親都要熱心地在口頭上來引導孩子。

負面的引導也能用一種愛的方式表達出來。吼叫不可能達到預期的效果，對孩子的朋友之缺點嘮叨個不停也一樣沒用。你可以採用愛的方式對吸毒的朋友表示關心，並爲他們的朋友作此不好的選擇感到難過。你可以給孩子看些因毒品和喝酒產生意外、死亡的報導或文章，並分享你一想到這些東西對年輕人及其家庭的蹂躪何等大就非常痛苦難過。孩子聽到你對其他年輕人表示的愛心與關懷，遠比聽到你咒罵作這種事的人，更能夠認同你的看法。

當孩子的主要愛語是肯定的言詞時

「我愛你」這句話在實際與含意上永遠都能獨立站得住。口裏說：「我愛你…請你幫我做這件事好嗎？」會使愛的主題失色。口裏說：「我愛你，但我現在要告訴你…」這句話抹煞了愛本身。「我愛你」這句話絕不可被條件句給稀釋掉，這點對所有的孩子都適用，而對主要愛語是肯定話語的孩子，就更是重要了。

十歲大的塔德在他父母比爾和瑪麗的眼中，顯得一副無精打采的樣子。他們用盡辦法要使塔德對生命感興趣——從運動到養條寵物狗——最後他們黔驢技窮了！他們常抱怨塔德的態度，並告訴他必須因爲有這麼關心他的父母心存感恩，也需要找到一項自己能夠發展的興趣。他們甚至威脅說，如果塔德無法比較積極的話，就要帶他去看心理輔導員。

當比爾與瑪麗參加了一個愛之語研討會後，他們馬上心想塔德的主要愛語說不定就是肯定的言詞。他們領悟到這就是他們從未給塔德的東西。相反地，他們給他堆積如山的玩具、每天熱情的擁抱、精心時刻和服務的行動。但是，他們給塔德的話語，通常都充滿著責備。

於是他們擬定一個計劃，開始刻意地努力向塔德說肯定的話語，從述說他們喜歡塔德的地方開始著手。當他們準備做這個實驗時，決定在一個月內將所說的話集中在表達「我們關心你、我們愛你、我們喜歡你」等信息上。

塔德是一個長相很討人喜歡的孩子，所以，他們想從讚美他的外貌開始。他們不把肯定話語與類似下面的暗示連在一起，諸如：「你是一個很強壯的孩子，你該打橄欖球。」。相反地，他們的話都是點到爲止，只提到他強壯的體格。此外，他們也開始觀察塔德的行爲，找出令他們喜歡的地方，然後說正面鼓勵的話。舉例來說，如果塔德餵狗，他們會表示感謝而非粗暴地說：「餵狗的時間到囉！」當他們必須引導塔德時，他們會試著使用正面的方法。

一個月後，比爾和瑪麗興奮地說：「我們簡直無法相信塔德的轉變。他現在是一個截然不同的孩子……或許因爲我們是與衆不同的父母吧！他的態度積極了許多。他會向我們說笑話，並且開懷大笑。現在他常常餵狗，最近還跟一些小朋友出去打橄欖球。我們認爲自己已經步上軌道了。」

比爾和瑪麗的發現不但改變了他們自己，也改變了塔德。他們學到了一個功課，養育工作不是只按照與生俱來的直覺去做就可以，因爲每一個孩子都不同，用他們各自的主要愛語，把愛傳達給他們則是非常基本的要求。比爾和瑪麗的故事說明我們可能誤用孩子的愛語而帶給孩子傷害與挫折。塔德的愛語是肯定的言語，但比爾和瑪麗以前說的是責備的話，這些話對任何孩子都有傷害，但對於一個主要愛語是肯定言詞的孩子，這些話的破壞力就更大了。

如果你認爲這是你孩子的主要愛語，但你又很不會說肯定的話，我們建議你準備一本名為「肯定的言詞」的記事本，當聽到別的父母對孩子說肯定話時，你就把它記錄在記事本中；當你讀到養育孩子的書時，也把其中肯定的話語記在上面。然後對著鏡子練習說這些話。你越常說它們，越會變成你自己的，然後再找機會對孩子說這些話，一天至少三次。

如果你發現自己又回到以前責備與否定的模式時，要對孩子說抱歉，表示你也知道這些話會傷人，不過它們並非代表你對他們的看法，請孩子原諒你。你應該告訴他你一直想要成為好父母，你深深地愛他，並且希望更有效地把這愛傳達給他，到時候，你就能革除舊習慣並建立新的行為模式。所有回饋中最棒的是，你將會在孩子的臉上看到這個果效，特別是從他的眼神中流露出來，而你心中也會深深地體會到這點。並且，你也有很大的機會能從孩子口中得到鼓勵的話，孩子越覺得被你所愛就越可能回報於你。

孩子們說的話 ＊＊＊

以下是四個孩子分享他們的主要愛語——肯定的言詞。

八歲的瑪麗說：「我愛媽媽，因為她愛我。她每天告訴我，她愛我。我相信我的父親也愛我，但他從來不跟我說。」

麗莎，十二歲，今年折斷了手臂。她說：「我知道我的父母愛我，因爲當我很難跟上學校課業的時候，他們一直鼓勵我。當我覺得不舒服時，他們從來都不會強迫我做家庭作業，反而告訴我可以等一下再做。他們說，他們以我的努力爲榮，並且相信我最後會跟得上進度。」

大衛是一個活潑、坦率的五歲孩子，他自信父母很愛他。他說：「我的媽咪愛我，我的爹地也愛我。他們每天說：『我愛你。』」

約翰，十歲，自三歲起就住在寄養的家庭裏。過去八個月以來，他跟鮑伯和碧姬——他的第四對養父母住在一起。當他被問到鮑伯和碧姬是否眞的愛他時，約翰說，他們眞的愛他。我們追問他爲什麼回答得這麼快，他說：「因爲他們不會對我大喊和尖叫。我以前的養父母總是對我大吼大叫，把我當作垃圾一樣。但鮑伯和碧姬把我當個人看待。我知道，我有很多問題，但我也知道，他們愛我。」

對於主要愛語是肯定言詞的孩子，再也沒有比聽到父母或大人在口頭上肯定更能使他們感受到被愛了。但反過來說也是眞的——責備的話會深深地傷害到他們。尖刻和批評的話語對所有的孩子都有害，而對主要愛語是肯定言詞的孩子，這些負面的話語就更具毀滅性了。並且，他們可能把這些話藏在心中，咀嚼好幾年。

所以，父母和其他對孩子有舉足輕重的大人，應該趕快爲負面、批評或粗暴的話向孩子道歉。儘管這些話不能被一句道歉的話完全抹煞，但它們的傷害會被降到最低點。如果你覺悟到自己跟孩子溝通的模式是負面的，你可以鼓勵配偶錄下一段那種插曲，讓你自己聽一下。這很有提神醒腦的作用，也是打破負面說話模式的一大步。因爲積極正面的溝通之於成功的親子關係很重要，所以值得你盡力革除舊習並建立新的模式。這對孩子的益處很大，而你得到的滿足感也會值回票價。

附註

1. 箴言十八：21
2. 箴言十五：1
3. 海倫・夢蘿莎（Helen P. Mrosla），〈一切都好〉All the Good Things 引自讀者文摘（一九九一年十月）第四十九至五十二頁。

第4章

愛的語言之三：精心的時刻

Love Language#3 : Quality Time

四歲大的莎拉拍著媽媽的腿說：「媽咪，媽咪，我們去玩玩！」

「我現在不能出去玩，」姬妮說：「我要做馬鈴薯沙拉，做好後我會跟妳玩。妳自己先去玩幾分鐘，等會兒我們才能一起玩。」

五分鐘之內，莎拉又回來求媽咪一起去玩。姬妮回答：「小寶貝，我告訴過妳，我必須先做馬鈴薯沙拉。現在妳自己先去，幾分鐘後我再去你那裏。」莎拉離開廚房，四分鐘內又回來。最後，馬鈴薯沙拉終於做好了，母女倆人一起共渡了一段遊戲時間。但姬妮知道同樣的情節明天又會重演。

我們能從姬妮和莎拉的實例學到什麼呢？莎拉的行爲透露出她的主要愛語很可能是精心的時刻。眞正使她覺得被愛的是媽咪全神貫注的注意力。這對她是如此重要，以致於她一再地回來。然而，姬妮常常把這些重覆的要求視爲干擾。如果這些要求持續太久，姬妮可能會「失去它」，把莎拉打發回房間禁閉，這與莎拉的需要正好相反。

姬妮很想知道，一個母親該做些什麼呢？我是否能夠同時愛孩子又把工作做完呢？這個答案是百分之百的可能。學會孩子的主要愛語則是達到這個目標的一把鑰匙。如果姬妮在做馬鈴薯沙拉之前，先給莎拉十五分鐘的精心時刻，她大概就可以安安靜靜地做完沙拉。當一個孩子的愛箱耗盡，而「注意他」是唯一能塡滿這個愛箱時，這孩子會不擇手段地想辦法得到他所要的。

即使主要愛語不是精心的時刻，很多孩子仍然渴望得到父母的注意。事實上，很多孩子的搗蛋行爲，就是要得到更多與媽咪及爹地在一起的時間。我們甚至可以說，對孩子的負面注意，也比不注意來得好。

這些年來，因爲雙薪和單親家庭越來越多，我們聽到許多人談到有關精心的時刻。然而，儘管許多人談論精心的時刻，但大多數孩子都很缺乏它。即使父母心肝寶貝的孩子，也有可能帶著空空如也的愛箱四處流浪，但似乎很少人知道如何處理這種情形。

精心時刻的焦點是在注意力上。它的意思是給予孩子全心的關注。大多數嬰孩都能得到很多精心的時刻，光在餵奶和換尿布的事上，一天就能給孩子好幾小時集中的關注。除了母親的照顧之外，父親在家時也會盡其本份，而祖父母和家庭中的其他成員也可能會加入幫忙的行列。

當一個孩子漸長時，要給他精心的時刻就變得比較困難了，因爲父母必需做到眞正的犧牲。給孩子身體的接觸和肯定的言詞比給他精心的時刻來得容易。我們很少人有足夠的時間完成我們需要和想做的每一件事情，而要給孩子精心的時刻即代表我們要放棄一些優先性的事情。並且，當孩子邁向青少年時期，他們所要的精心時刻通常是在我們這些父母筋疲力竭、忙得不可開交或情緒不好的時候。

精心時刻是父母給孩子的一個禮物。它傳達的信息是：「你很重要。我喜歡跟你在一起。」這使孩子覺得他對父母來說是世界上最重要的人。他覺得眞正地被愛，因爲他完全單獨擁有父母。

花時間跟孩子在一起時，你要深入他們身體和情緒層面的發展。例如：當孩子學爬的時候，你要跟他們一同坐在地上；當他們邁開第一步時，你要跟他們在一起並鼓勵他們；當他們去沙堆學習投球或踢球時，你要在那裏；當他們的世界擴展到學校、各種課程、運動、教會和社區活動時，你要一直追著他們跑。當孩子越大，這就越難了，特別困難的是，你想要給每個孩子個別的時間，又要參與在他們更多的公開活動中。

同在一起

精心時刻最重要的因素並不在於事件本身，而在於你們一起行事，也就是同在一起。當十一歲的拿單被問到他如何知道父親愛他時，他說：「因爲他跟我一起行事，例如：打籃球、洗車子，以及一起去理頭髮。」

精心時刻並不需要你去某些特別的地方。幾乎無論在哪裏，你都能提供精心的時刻；而且最具教育果效的精心時刻常常是在家裏，就是當你與一個孩子單獨相處時。要找出時間跟每個孩子單獨在一起並不簡單，但這是必要的。在一個旁觀者衆而參與者少的社會中，父母親的全神貫注越有關鍵性的作用。

在很多家庭裏，孩子想念電視機比懷念父親多。孩子受到家庭以外的影響力越來越多，所以亟需跟父母在一起的個人時間，才能強化家庭的影響力。要在時間表上挪出這種時間可眞費思，但這種努力似乎是在爲孩子和家庭的將來投資。

跟每個孩子在一起的時間

如果你有好幾個小孩子，你需要找出時間跟他們每一個單獨相處。這很不簡單，但還是辦得到。養育十個小孩子的蘇姍娜·衛斯理（Susanna Wesley），她排定每週跟每個小孩單獨相處一小時。她的三個兒子，山姆、約翰和查理，成爲詩人、作家和傳道人。查理寫過一些聖詩，至今仍是基督教會的經典之作。除了幫助孩子學習字母、寫作和數學以外，她也教他們禮節、良好的風度、道德價值和簡樸的生活。

在一個婦女很少有晉升機會的時代中（一七〇〇年代的英格蘭），她爲所有女兒提供了全備的教育。這位聰明的母親曾經告訴女兒愛蜜莉亞說：「社會沒有提供機會讓女性發揮才智。」（註1）愛蜜莉亞後來成爲一位老師。儘管我們不需要鼓吹蘇姍娜在教養孩子上的所有理念，但我們應該讚賞她把優先權設定在家庭上並實行出來。精心時刻的關鍵在於身爲父母者是否能看重並在家裏施行的價值觀和優先性。

正面的眼神接觸

精心的時刻必須包括愉快、充滿愛的眼神接觸。用關愛的眼神直視孩子是一種很有力的溝通方式，能將你心中的愛傳到孩子的心中。研究報告指出大多數父母把眼神的接觸主要用在負面的事情上，例如：責罵孩子或是發布明確的指示時。

大多數的眼神接觸應該是愉快而充滿愛的。如果只在孩子使你高興時才這樣看他們，你就掉在有條件之愛的陷阱中了。這會破壞孩子的個人成長。若你想給孩子足夠無條件的愛，並使他們的愛箱滿溢，有一個關鍵方法就是透過正面的眼神接觸。

有時候，家人會以拒絕看對方作爲懲罰的方法。這是很殘忍的，配偶和孩子絕不會忘記這種傷害人的對待。孩子特別會將不看他們的眼神解釋成不認同他們的表示，這將進一步打擊他們的自尊心。別讓你對孩子表達愛的方式受到孩子是否使你高興的控制。不管孩子的行爲或其他情況如何，你要始終一致地愛孩子。

分享思想和感情

精心的時刻不僅可以用來一起從事積極的工作，也可以用來更加認識你的孩子。當你花時間跟孩子在一起時，你自然會發現自己和孩子在各方面都能無所不談。飛爾·布利格（Phil Briggs）是加州神學院基督教教育的資深教授，他很喜歡跟兒子打高爾夫球所帶來的附加利益。他說：「在我開始定期和孩子一起打高爾夫球之前，我的兒子都是一個不愛說話的人。」布利格家的父子在高爾夫雙人球賽的球道上走的時候，常談論他們的比賽——揮桿和其他高爾夫球經；但很快地，他們就抽出時間討論生活上其他方面的問題。當一個父母教孩子如何在籃球場上射三分球、擲橄欖球、洗車，甚至洗碗盤時，就常會製造出一個使親子能談及更重要問題的環境。

精心的對談

這是一個父親可以透露他自己有趣歷史的時間，或許是告訴孩子他跟孩子的母親當年約會的情況，並討論道德與靈性的問題。這種「眞實」的談話能在感情的層次中與孩子深入地溝通。它表達的是：「我父親信任我、關心我，把我當作一個重要的人物，而且他愛我。」一位母親也能藉著幫女兒配第一副眼鏡或買舞會服裝之便，提到她害怕自己逐漸年長的外貌。這個對談把她們拉在一起，並幫助女兒了解自己的價値（不是以容貌爲基礎）。

孩子不會因爲長大而不需要與父母或其他大人作精心的對談。這種思想與感情的交流分享是組成生命的要素。孩子學會如何在這個層次上溝通，對他們未來的人際關係，包括婚姻在內都很管用。這能教他們如何建立友誼及與工作的同事和諧相處；這也能教導他們如何處理自己的思想，並用正面、尊重別人觀念的體貼方式與人溝通。這也提供了一種如何表達不贊成卻不會令人討厭的範例。

因爲孩子從談話中學到的比你知道的更多，所以不管他們的年紀如何，花時間跟他們展開健康的對談是非常重要的。如果你把對談限制在矯正錯誤的範圍內，孩子可能永遠不會學到正面、專注的價值。只有負面的注意力並不能滿足他們對於愛的需要。

與年紀較小的幼童打開話匣子最有效的時間，就是他們上床的時間，這是他們注意力特別集中的時候，這時或許是因爲分心的事比較少，也可能是因爲孩子想要拖延睡覺的時間，所以他們會特別集中精神。不管原因是甚麼，他們會仔細聆聽而使有意義的對談比較容易進行。

說故事和對談

所有的孩子都愛聽故事。讀故事書給他們聽是開始舉行睡覺儀式的好方法——並且你要眞的使它變成一種儀式，因爲這能使溝通的管道保持暢通一直到他們變成青少年時。在說故事之中或說完故事之後，你可以暫停一會兒，讓孩子檢視他對故事情節或人物的想法，然後把它們當作話題加以討論。這點很重要，因爲現今很多年輕人似乎不知道他們的行爲繫於其感覺。由於很少年輕人了解自己的感情，以致缺少一把控制行爲的鑰匙。例如：當你讀到某人經歷挫折的故事時，你可以跟孩子談及因經歷過的失望而產生的傷心、憤怒，或其他的事情。

我們極力地強調這個迷人的對談時間。令人難過的是，現代很少年輕人知道如何處理自己的感情，尤其是憤怒。這方面的欠缺是導致吸毒、不當的性行爲、反對權威的態度與行爲之主要原因。多年的溫暖與親密的睡前交談，包括溫柔、輕鬆的感情分享，都有助於防範大部份生命中最深處的問題。

溫暖、親密、柔和與輕鬆的睡前儀式，似乎與許多父母忙碌的生活世界正好相反。想要達到這個目標則需設定優先順序，並要會抗拒緊急事件的肆虐。別成爲急事的受害者。從長遠的眼光來看，很多似乎迫在眉睫的事情在此變得根本沒甚麼大不了，而做在孩子身上的事卻關係到永永遠遠。

第4章
愛的語言之三：精心的時刻
Love Language #3: Quality Time

規畫精心的時刻

在孩子出生後的最初八年，你可以採用一個相當穩健的時間表，因爲這時期孩子的重心主要圍繞在家庭。當孩子逐漸長大，並參加了許多家庭以外的活動時，你就需要花費更多時間和努力在準備家庭的精心時刻上。否則，精心的時刻就無法產生。下面是一些構想。

首先，吃飯時間是自然的事件，可以用來做規劃。過幾年後，定期的家庭聚餐可能成爲你們所擁有最具凝聚力的一個經驗。我們都聽過有些家庭做一大鍋菜，讓每個人無論甚麼時候回來都可以吃。對於那些能年復一年過有規律的正餐相聚時刻且明白其中之溫暖與力量的人來說，那種情況聽起來簡直是奇怪。而父母親是惟一能爲家庭訂定聚餐時間並決定何時或何事才能干擾這個時間表的人。有些家庭可以一起吃早餐，而你或許可以每個月和一個孩子碰頭一次吃頓午餐。

第二，考慮作過夜的旅行。柏尼和兒子傑夫每三個月作一次過夜旅行，他們通常僅從家裏開車一小時，在帳蓬中同住一天半不受干擾。愛麗生一週花兩個晚上跟十二歲的女兒貝麗塔妮散步，在那些晚上，她的丈夫和兒子在家洗碗也享受了一些父子時間。

這只是兩個構想。請記得，計畫相聚的時間也不排除自動發生的臨時動議。如果有需要你可以隨時更改計畫。但是若沒有計畫，你或許會發現自己跟孩子的精心時刻少得可憐。你把別人排進自己的行事曆中——爲什麼遺漏了你的孩子呢？孩子會感激你因著重視跟他們在一起而願意對其他的活動說不的作法。並且，訂計畫另有一個副產品，就是你教會了孩子如何安排時間。

預備精心的時刻需要在行事曆上插入一天或一小時。計畫相聚的時間也意謂著你要預備自己。如果，你經歷充滿工作壓力的一天而回到家，應先舒解這些壓力並把工作從腦海中除淨，然後集中注意力在家裏。有些人在回家途中播放自己喜歡的錄音帶；我們也知道有些朋友快到家門時會把車子停在路邊禱告幾分鐘。想看看有什麼能幫助你放鬆和提昇精神，使你有活力可以供給孩子。

如果你不能在回家之前準備好，你和配偶可以共同挪出一個時間一起預備好，然後再與孩子互動。在平靜下來跟家人相聚之前，你或許只需要換穿一套舒適的衣服、開一罐可樂，並在後院散步一下。你的精神恢復越多，你能給家人的便越多。

當孩子的主要愛語是精心時刻

如果精心的時刻是你孩子的主要愛語，你可以確定：沒有足夠的精心時刻和集中的注意，將會使孩子苦惱不安，以爲父母不是眞的愛他。

亞倫是位消防隊員，上班四十八小時，然後休假廿四小時。在他上班時間就住在消防隊宿舍，休假時則與一位消防隊同事替人家油漆房子賺點外快。同時間，太太海倫夜間當護士，白天睡覺。當倆人晚上都工作時，他們的孩子，即八歲的約拿單和六歲的底波拉就與祖母同住。

亞倫和海倫開始對約拿單很擔心，長久以來，他似乎都一副魂不守舍的樣子。海倫後來告訴一位朋友說：「當我們想要吸引他說話時，他都無動於衷。但他年紀比較小的時候，話可多了。」

「在他上學以前，我全時間都在家裡，我們每天下午會去公園。他總是吱吱喳喳地說個不停，且生氣蓬勃。現在他全然不同了，我眞想知道到底出了什麼差錯。亞倫沒有注意到這麼多，因爲他沒花很多時間跟約拿單相處，但我能看出約拿單跟以前判若兩人。」

海倫的朋友露西剛好讀過《愛之語》，她記得某章的主題是這些愛之語跟孩子的關聯。所以露西送海倫一本並建議說這或許可以幫助她與約拿單的關係。兩個禮拜後，海倫告訴露西：「我讀了這本書。我想我已知道約拿單的主要愛語了。回顧過去，我記得他多麼喜歡和我在一起的時間，當時他是多麼多話和興奮。然後我才知道，當他開始上學而我上班之後，這一切都變了。我想，這兩年來，他一直十分地渴望愛，而我一直滿足他物質的需求，沒有滿足他在感情上的需要。」

海倫和露西商討如何能把要給約拿單的精心時刻排進她的時間表中。因爲海倫的彈性時間是下午和傍晚時刻，她向來利用這段時間作家事、購物，偶爾跟女孩子們晚上出去逛街，並偶爾晚上跟亞倫外出。海倫決定試著每週挪出兩次，一次一小時，全心跟約拿單在一起。「或許，我可以帶他去我們以前常去的公園，這也可以喚回我的一些歡樂記憶。」

三個禮拜後，海倫告訴朋友說：「這行得通了。自從我們上次談過後，約拿單和我一週有兩次單獨相處的時間。我發現他對我的反應眞的有改變。當我第一次提起要回公園時，他並不怎麼興奮，但在玩賞快結束時，我看見以前的約拿單開始出現了。然後我們決定每週去公園一次，另一次去吃冰淇淋。約拿單的話開始多起來，並且可以說他開始熱情地回應我們相聚的時間。」

海倫又說：「順便一提，我請亞倫讀了這本書。我想，我們要學習互相表達對方的愛語。我知道，他不說我的愛語；我也不認爲我說過他的愛語。同時，艾倫也可以發現多花時間跟約拿單相聚的重要性。」

孩子們說的話 ＊＊＊

以下是四個孩子清楚地透露他們的愛之語是精心的時刻。

八歲大的貝莎妮在大多數時間裏，眼睛都閃閃發光。她說：「我知道父母親都愛我，因爲他們跟我一起做事。有時候，我們全家都在一起做東西，甚至跟我的小弟在一起。但他們常單獨跟我一起做事。」被問到做什麼時，她回答說：「我爹地上週帶我去釣魚。我不知道自己是否喜歡釣魚，但我喜歡跟爹地在一起。在我生日的第二天，媽咪和我去動物園。我最愛的是猴子園地，我們看見一隻猴子吃香蕉，眞好玩。」

十二歲的耶利米說：「我知道爹地愛我，因爲他花時間跟我在一起。我們在一起做很多事。他有韋克森林足球賽的季票，我們一場也沒錯過。我知道媽咪也愛我，但我們不常花時間在一起，因爲她常覺得身體不舒服。」

十歲大的法蘭奇說：「媽咪很愛我，她都會來參加我的足球賽，然後跟我一起吃飯。我不知道爹地是否愛我，他說過，他愛我，但他離開我們了，我從未再見過他。」

十六歲的敏迪說：「我如何知道父母愛我？主要是因爲當我有需要時，他們總是在身邊，我可以跟他們討論任何事情，我知道他們能了解並幫助我作明智的決定。過幾年後我得上大學，我會想念他們的，但我知道他們仍然會隨時幫助我。」

來自父母所預備的精心時刻，不但有益於渴望跟父母在一起的孩子，且對於別類的孩子也一樣，這是保證他們被愛的必要元素。當你花時間跟孩子在一起時，你就是在創造一個終生難忘的回憶。你一定希望孩子因著這些在家中受養育期間的回憶蒙受祝福。當孩子的愛箱保持滿盈的時候，他們會有健全和奮發向上的記憶。身爲父母，你能給孩子十分棒的記憶，並保障他們的一生擁有平衡、穩定和幸福。

附註

1.山迪・丹格勒（Sandy Dengler）《蘇姍娜・衛斯理》Susanna Wesley（芝加哥：慕迪出版社，1987），第一七一頁。

第5章

愛的語言之四：接受禮物

Love Language#4 : Gifts

當我們問十歲的瑞吉兒她為何這麼確定父母愛她，她回答說：「到我房間來，讓我帶你們看看。」一進到她的房間裏，她就指著一個巨大的泰迪熊說：「他們從加州帶這個回來給我。」然後，她摸著一個毛絨絨的胖小丑說：「當我上一年級的時候，他們買這個送給我。而這隻傻裡傻氣的猴子是他們去夏威夷度結婚週年慶時帶回來的。」她繼續繞著房間走，指出一打以上的禮物都是父母過去這幾年所送的。所有的禮物都擺在一個特別的地方以展示父母的愛。

給予及接受禮物是表示愛的有力方式。在給予禮物的時候，果效常常會延續到好幾年以後，最有意義的禮物會變成愛的象徵，而那些眞正傳達愛的禮物，則是愛之語的一部份。然而，孩子必須覺得父母眞的關心他，父母才能眞正傳達出第四種愛的語言——接受禮物。因此，其他愛的語言要伴著禮物一起送給孩子。為使禮物能表示衷心的愛，孩子的情緒箱子需要維持充滿的水準。這代表父母要組合身體的接觸、肯定的言詞、精心的時刻和服務的行動，使孩子的愛箱充滿。

茱麗說這些愛的語言幫助她更了解兩個女兒——六歲的麥若莉和八歲的梅麗迪斯。「丈夫和我常常出差，兩個女兒就和祖母暫住在一起。當我們出差時，我都會買些東西給她們。梅麗迪斯總是比麥若莉對禮物表現得更興奮，我們一進家門，她就一直說著要禮物。當我們拿禮物的時候，她更興奮得跳上跳下。而當她打開禮物時，更是『哦、啊』地叫個不停。然後，她會在房間裏爲這份禮物找一個特別的隱匿處，並要我們去看放置的地方。當朋友來拜訪時，她總是帶他們觀賞最近的禮物。」

相反地，儘管麥若莉很有禮貌地感激父母的禮物，但她對了解行程比較興奮。據茱麗說：「麥若莉會來到我們跟前，聽我們述說這趟旅行的每個細節。她跟我們各別談了以後，又會跟我們一起談論，似乎能吸收我們所說的每一件事。反之，梅麗迪斯則很少過問我們去了哪裏，或我們看到什麼。」

有人問茱麗要如何處理這個發現，她說：「唔，我要繼續買禮物給這兩個女孩子。但現在我不會因爲麥若莉的表現不如梅麗迪斯興奮而心裏受傷。過去我一直深受困擾，因爲我認爲麥若莉不知感恩。現在我知道我們的談話對於麥若莉的意義就如同禮物對於梅麗迪斯的意義一樣。我和丈夫不但每次旅行後，都同時更努力給麥若莉更多精心的時刻，而且其他時間也一樣。並且，我們要教麥若莉表達接受禮物的愛語，正如我們希望教梅麗迪斯表達精心時刻的愛語一樣。」

給予的恩典

將給予和接受禮物作爲示愛的方式，是一種普遍的現象。禮物的英文字「gift」乃是源自於希臘文「charis」，意思爲「恩典，或是一個不配得的禮物。」這個字背後的意義是，如果這禮物是配得的，那麼它就是一個報償。一份眞正的禮物不是對所提供之服務的報償。相反地，對接受的人來說，禮物是一種愛的表示，是贈送者白白給予的。在我們的社會中，並非所有的給予都是如此眞誠的，特別是在商業界中，很多禮物都是與某公司做生意的回報，或是一種賄賂，期望以後能跟某人達成交易。這項物品不是單純的爲著收受者的利益而給的，而只是感謝其做了某項財務貢獻的一個方式，或者是希望其更進一步貢獻的一種要求。

父母給予孩子禮物，也要作同樣的區分。當父母提供一個禮物叫孩子清掃房間，這就不是一個眞正的禮物，而是服務的報償。當父母應允給孩子一個冰淇淋甜筒，叫他下一個小時乖乖看電視，那麼這個甜筒就不是禮物而是賄賂，那是用來操縱孩子行爲的。儘管孩子可能不懂得「回報」或「賄賂」等字眼，但他們了解這種概念。

有時候父母眞心誠意地要送一個禮物，也會傳送出錯誤的信息，如果他們忽略孩子對於愛的深層感情需要。事實上，一個不覺得被愛的孩子很容易誤解禮物的意義，認爲它是有條件的給予。有一個母親在很大的壓力並與孩子不和的情況下，送孩子一個新棒球，後來她在馬桶裏看到那個球。

「傑生，你的球在這裏幹什麼？你不喜歡它嗎？」

「對不起。」是傑生唯一的答覆。

第二天，她在垃圾筒裏發現這個球。她再次跟孩子談，而他也只是盯著地上，說：「很對不起。」

後來，媽咪學會專注於使傑生的情緒箱子充滿，特別是在他上床睡覺的時候。她很快地看到一個轉變。幾週後，她送給傑生一支球棒，這一次，他抱著她且笑容可掬地說：「謝謝妳，媽咪！」

傑生是一個愛箱空空如也的溫順孩子的典型。這類孩子很少公然表示他們的痛苦和需要，但會用間接的方式表示他們的感情。這種處置或忽略禮物的方式，是這類孩子愛箱需要充滿的典型例子。

使禮物產生最大的效益

給予的恩典與禮物的大小和花費的關係微乎其微，但它每一方面都與愛息息相關。你或許仍記得祖父母告訴過你，在經濟大蕭條的時期，一個嚴寒的聖誕節禮物，是收到一個橘子和一件日用衣物的故事。現在，身爲父母的我們並不常把生活必需品視爲禮物，而是當作必須供應給孩子的項目。而且我們依然常帶著愛心爲孩子的眞實益處把它們送給孩子。讓我們大肆地慶祝這些禮物吧！如果我們不把禮物當作一種愛的表示呈現出來，孩子會把它當作「應該得到的東西」來接受，也因此無法體會到禮物背後的愛。

下面有個建議，可以把普通禮物變成一種愛的表示。花點時間把新的學校制服包裝好，然後當家人圍著餐桌坐定的時候送給孩子。打開禮物可以帶給孩子一個驚喜的情緒，而且你又能展示每一件禮物，不管它是必需品或是奢侈品，都能變成一種愛的表示。這樣歡慶所有的禮物，也能教導孩子如何回應送東西給他們的人。你既因著恩典送給他們，就要他們帶著感恩的心回應，不管這個禮物是大是小。

買玩具當作禮物給孩子時，要注意一個警告，你在玩具店裏需要真正的智慧。店裏的玩具數量多如牛毛，所以你必須很會精挑細選。這些龐大數量的玩具又被電視廣告複雜化，而且玩具店常會把最新流行的玩具向孩子炫耀，因此會製造出六十秒鐘之前所沒有、到了明天或許就會消失的購買慾望。在玩具店這段時間裏，很多孩子會堅持要買他們剛在螢幕上看到的玩具。

不要讓廣告廠商決定你要買給孩子的東西。仔細檢查玩具後，問自己諸如下列的問題：「這個玩具會傳達什麼信息給孩子？我能否坦然接受該信息？孩子玩這個玩具能學到什麼？它全部的效果傾向於正面或負面？這個玩具能玩多久？它的正常壽命有多長？它的吸引力是否有限，或會使孩子沉迷忘返？我買得起這個玩具嗎？」永遠不要買一個你負擔不起的非必要玩具。

並非每個玩具都必須具有教育意義，但都必須能對孩子的生命產生積極的目的。請注意，購買高科技的電腦玩具，可能會使孩子暴露於一個和家庭格格不入的價值系統中。他們從電視、鄰居和學校的朋友中，已經學到夠多這類東西了。

扭曲送禮的目的

千萬要小心！送孩子禮物當作其它愛語的替代品，通常對我們很有誘惑力。這樣做的原因很多，父母有時候寧可送禮物而不肯眞正的把自己奉獻給孩子。對於那些在功能失常的障礙家庭中長大的人，給予禮物似乎比感情投入更容易。另外有些人則可能沒有時間、耐心或知識去明白如何送孩子眞正需要的東西。他們眞的愛孩子，但似乎不知道如何供給孩子所需的情緒安全感與自我價值感。

在我們這個忙碌和富裕的社會中，大部份孩子清醒的時間父親不在家，而且過半數的母親出外工作，他們對於沒有足夠的時間跟家人在一起都有極大的罪惡感。許多父母買了太多禮物來作爲自己對孩子關注的替代品。這些父母企圖用禮物來當作醫治他們失控生活的萬靈丹。

當父母分居或離婚之後，孩子跟有監護權的一方父母住在一起時，濫送禮物的情形特別普遍。這些沒有監護權的父母，或許是因爲分居的痛苦，也可能是基於離開家庭的罪惡感，常常會被誘導去送很多禮物給孩子。當這些禮物過度昂貴、不經大腦選擇，並用來與監護父母所供應的東西較勁時，實際上就變成一種賄賂的方式，企圖賄買孩子的愛。它們也可能是向監護父母報仇的一種潛意識作法。

孩子接受了這種欠缺考慮的禮物之後，終究會看穿它們眞正的本質，也會從這當中得知至少有一方父母把禮物當作眞愛的替代品。這會使孩子變成物質主義者且喜歡操控別人，因爲他們學會了用不正當的禮物操縱人的感情和行爲。這種替代品將使孩子在人格和誠信上，產生悲劇性的後果。

我們想到獨自養育三個孩子的蘇珊，她與查理離婚已經三年了。查理現在跟第二任妻子過著很奢華的日子。而蘇珊與孩子則僅能勉強餬口度日，以致十五歲的麗莎、十二歲的查理和十歲的安妮，都很熱衷於拜訪爹地，每個月有二個週末會去看父親，而查理則會帶他們去作昂貴的戶外活動，例如滑雪與划船等。難怪孩子們喜歡去拜訪父親，這就是有趣的地方——而且他們愈加抱怨在家無聊。他們常帶著許多奢侈的禮物回家，並常對蘇珊發脾氣，特別是當他們拜訪爹地回來之後的幾天。查理逆轉孩子們的感情去反抗蘇珊，是想要爲自己贏回孩子們的愛。他不知道當孩子長大一點，他們會因爲父親的操縱而輕視他。

幸運的是，蘇珊說服查理接受她的忠告，並尋找比較健康的方式對待孩子。起初，這表示摒除他們過去不同的意見與憤怒，一起爲滿足孩子的情緒而共同努力。在這個商議過程中，他們都變成塡滿愛箱的專家。當查理學會使用所有的五種愛語與孩子建立關係，並學習把送禮物當作愛的表示而非操縱的工具時，孩子們的反應棒極了。儘管離婚的怨偶爲孩子這樣通力合作的情形並不多見，但是嘗試這麼做的人已經越來越多。

另一種濫給禮物的情況，發生在父母對孩子表示多種愛之後，仍然買很多禮物給孩子，使他們的房子看起來像雜亂無章的玩具店。這種不節制的作法使禮物失去特別的意義，孩子的禮物數目多過於他所能體驗的，最後會變成沒有任何禮物具有意義，而這孩子對接受禮物的熱情就消失殆盡了。這些玩具對他反而變成一種負擔，因爲父母期待他把禮物整理得有模有樣。

花大筆錢買禮物，就像帶孩子去一個玩具店，說：「這所有一切都是屬於你的。」孩子開始可能興奮一陣子，但當他四處亂闖一會兒之後便冷淡對之。適當的玩具應該幫助孩子學到如何愉快地集中注意力。爲了實現這個目的，父母和祖父母或許要給孩子比較少而不是比較多的玩具，而且是經過仔細選擇、有意義的禮物，而不是外觀討好的物品。

給予有意義的禮物

當你送禮物給孩子的時候，心中要有一把尺。禮物應該眞的是愛的表達。如果它們是服務的報酬或是賄賂，就其本質而言就不該稱爲禮物。這樣，爲孩子的益處且當作愛的表示而選購的眞禮物，才能按著它的本質被孩子享有。

除了聖誕禮物和生日禮物之外，很多禮物應該由你和孩子共同選擇，尤其當孩子長大而對衣服、鞋子、背包等有較多意見時，這點特別適用。孩子也會渴望非必要的玩具，當你無法供應他們所求的一切時，便要考慮到他們個別的喜好。這個考慮包括區別該渴望是短暫或長久的、健康或不健康的，且這玩具會帶來正面或負面的效果。無論何時，你要明智地選購孩子眞正要的玩具。

請記得，不是所有禮物都要在店裡買。當你沿著一條彎路走或經過一處停車場時，也可能找到特別的禮物。野花、奇石，甚至漂流木，若用一種有創意的方式包裝或呈現，都可以成爲禮物。禮物也可以利用家庭用品來製作。年幼的孩子還沒有金錢的概念，禮物是做的或買的，對他一點都不重要。如果這個禮物能刺激他們的創造力，就很有意義，且能使你與孩子在愛中緊緊相繫。

艾美的戒指

在前面，我們曾說過有些孩子在接受禮物的當時，並沒有很熱情的回應，但幾年後卻變得非常珍惜它。泰德在女兒拒絕他的禮物數年後，發現到這點。當泰德在國外旅行時，爲十二歲的女兒艾美買了一只戒指，在回家時送給她。但艾美對這個禮物興趣缺缺，把它扔在一個化粧盒裏。

泰德很失望，後來時間一久，也就忘了這只戒指。在艾美十三到十九歲的青少年期，她的行爲傷透了父母的心，甚至使泰德對她的前途到了絕望的地步。甚至當艾美的態度和行爲戲劇性地恢復時，她的父親也不敢相信她是來眞的。泰德懷疑女兒的眞誠，使父女難以回復渴望的親子關係。

然後，有一天，泰德發現艾美戴著很久以前——即她出軌之前父親所送的戒指。當他了解到女兒要告訴他的意思是——她現在已經能自我節制且可以被人信賴時，泰德感動得淚流滿面。

當泰德問艾美這是不是她的意思時，她承認這就是她所要的——當她成長和改變時能得到別人的信任。父女兩人抱著哭成一團。之後艾美繼續表現得很好。

這個故事說明，一份禮物象徵的意義有多麼大。如果父母能使艾美的愛箱充滿，或許她就不會遭遇到所經歷過的嚴重問題。她的感情需要先得到滿足，才有能力接受或讚賞一份禮物，並對這份贈禮予以熱情的回應。

當孩子的主要愛語是接受禮物時

大多數孩子都對禮物回應得很積極，而對有些孩子來說，接受禮物是他們的主要愛語。從孩子乞求東西的方式，你或許以爲所有孩子都是這樣。的確，所有小孩和大人都想要得到更多東西。但主要愛語是接受禮物的孩子，當他們收到禮物的時候，反應就有所不同。

主要愛語是接受禮物的孩子，總是對接受禮物這件事十分慎重。他們希望禮物有包裝，或是以一個獨特和創意的方式贈與。這些都是愛的表示。他們會查看包裝紙，也可能談論包紮的蝴蝶結。打開禮物的時候，他們常會「哦！啊！」地叫個不停。這些對他們似乎重要得不得了——而實際上也是。當他們打開禮物時，會覺得非常特別，並且要你全神貫注地看著他們的一舉一動。請記得，對他們來說，這是愛所發出來的最大聲音。他們將禮物視爲你和你的愛之延伸，並且他們想與你分享這個寶貴的時刻。一旦打開了禮物，他們會擁抱你或對你感激不盡。

這些孩子也會在房間裏騰出一個特別的地方，以便驕傲地展示這份新的禮物。他們會跟朋友分享這份禮物，並且會在接下來的幾天內一再地拿給你看，並且說自己是多麼喜歡它。這份禮物在他們的心裏佔有一個特殊的地位，因爲實際上，它是你愛的表示。看到禮物就使他們想到自己是被愛的。至於禮物是做的、找的或買的，對他們並不重要；也不管這是不是他們要的東西，重要的是，你想到他們。

孩子們說的話＊＊＊

從下面這些孩子的話透露出，禮物是最能傳達愛的語言。

五歲的法蘭基，上幼稚園三天後，對祖母說：「我的老師愛我。奶奶，妳瞧瞧她給我什麼。」他拿出一把刻著很大數字且明晃晃的藍尺，這是老師愛他的證據。

六歲的麗莎問我們：「你們曾經碰到過慈愛的人嗎？他就在這裏。」她手指著一個老紳士，說：「他給所有的孩子口香糖。」對麗莎來說，他是一位慈愛的人，因為他送禮物給人。

十五歲的米雪兒，被問到如何知道父母愛她時，她毫不猶豫地指著上衣、裙子和鞋子，說：「我身上的每件東西都是他們給的，我認為這就是愛。他們不但給我必需品，而且還遠超出我所需要的。事實上，我把這些東西分享給那些父母買不起他們想要的東西的朋友。」

克利斯，十八歲，過幾週要上大學。當我們問他覺得父母愛他有多深？用零到十的尺度表示時，他立即說：「十」。爲什麼是十呢？「看到這輛車了嗎？」他指著一輛紅色本田汽車問道。「這是父母買給我的。我不配得到這輛車，因爲我在唸高中時並沒有盡到最大的努力。但是他們告訴我他們以我爲榮，而這輛車是他們愛的表示。我所要做的只是負責換機油和維修而已。」「我的父母一向都是這樣。他們總是給我所需要的一切——我高中所有的運動器材、衣服及每一件東西。他們是我所知道最慷慨的人。我並不會利用他們慷慨的心，但我確信他們愛我。現在，我將要上大學了，我知道我會想念他們。」

對這樣一個孩子，禮物不僅是物品而已，而是深具意義的愛的表示。因此當禮物損壞或遺失時，他們會特別痛心。並且，如果送禮物的父母移動、毀壞，或在一時狂怒中說：「我很後悔給你這個東西。」這孩子可能會情緒崩潰。以負面方式表達出這個主要愛語，將會使孩子感到非常痛苦。

這些孩子的愛箱需要保持滿盈的狀態——否則他們就不能成長到最佳的狀態。請記得，雖然你持續充滿孩子的情緒箱子，而他們現在可能不知道你給了多少，但當他們年紀漸長時，他們會回想起並體認到你的愛與同在是最佳的贈禮。

第6章

愛的語言之五：服務的行動

Love Language#5 : Acts of Service

耶利米剛開始第一份全職的工作，並且打算明年夏天結婚。他回憶著童年說：「我覺得最讓我感到被關愛的是父母在各方面都很努力幫助我。我記得媽媽即使出外上班也會把飯菜做好，而當時爸爸還幫我修理一輛在我十六歲時我們一起購買的老爺車。」

這位廿四歲的年輕人繼續回想著：「他們幫我做了這麼多大大小小的事情。現在，我的體會比以前更深，但即使在當時，我也知道他們很努力在幫我，而我也一直很感恩。我希望有一天，自己也能夠同樣爲我的孩子做事。」

許多人以服務的行動爲主要愛語。即使你的孩子不是，你也應該知道這點：教養子女本來就是一種服務導向的天職。當你知道自己將有一個小孩時，你就報到作全職服務了。你的合約至少需要從事十八年的服務，其中還附帶一個協定，就是這合約期滿後，你仍要服好幾年的「後備役」。

身爲一個必須服務的父母，你或許已經發現這個愛語的另一個事實：服務的行動在體力和情緒上都很吃力。因此，我們應該注意自己身體與情緒的健康。在身體健康方面，我們需要平衡的睡眠、飲食和運動的模式。至於情緒的健康，自我了解和一個互相支持的婚姻關係，乃是極重要的因素。

你服事的是誰？

當我們思考服務的行動時必須問自己：「我服事的是誰？」這不僅是針對孩子而已，身為婚姻的伴侶，你要服事配偶並做取悅對方的事情，以表示你的愛，你也會藉著服務的行動，使配偶的愛箱滿溢。因為孩子需要父母給他們一個平衡的生命模範，因此花時間經營婚姻關係，是良好的親職教育不可或缺的部份。

身為父母的你們當然要服事孩子，但主要動機不是取悅他們，主要目的在於做最好的事情。因為做最能取悅孩子的事情，可能不是表達愛的最好方法。拿三根棒棒糖作孩子的午餐，他會很高興，但你並不是給他最好的東西。服事孩子的主要動機——即做最好的事情——是指你設法填滿他們的愛箱。而為了提供愛的需要，你可以將服務的行動配合其他愛語一同使用。

當我們探討這最後的一個愛語時，必須小心的是：不要把服務的行動視為操縱孩子的方法，這是非常容易有的現象，因為孩子年紀尚小，他們比什麼都更需要禮物和服務。但是，如果我們這些做父母的對禮物或服務讓步太多，不管是出於孩子的渴望或實際需要，都可能使他們停留在孩子氣的自我中心階段，而且變得很自私。但這個警告並非禁止父母用正確的方式行使服務的行動與贈送禮物的愛語。

服務的行動可以成爲孩子服務與負責的模範。你或許會疑惑，如果你服事孩子，他們如何能發展出自己的獨立性與能力。其實當你用服務的行動向孩子表達愛，做他們無法爲自己做的事時，你就是在建立一種模範。這會幫助他們免於以自我爲中心且懂得幫助別人。這是我們做父母的最高目標。（參見本章之〈服務的終極目的〉）

按照年齡提供服務

愛箱滿溢的孩子遠比不能確定父母之愛的孩子更能學到愛心服務的典範。父母所做的服務行動應該適合孩子的年齡。你應該做孩子不能爲自己做的事情。顯然，當他們到了六歲時，你不能仍然餵他們吃飯。爲四歲的孩子鋪床是一個服務的行動，但八歲的孩子就能自己做了。孩子不需要等到上大學，才學會怎麼使用洗衣機和烘乾機——大學可沒提供這種課程！如果父母因爲太忙以致於沒時間教孩子，或是父母要求太完美而不讓孩子做，這非但不是愛孩子，反而是害他們裹足不前。

因此，服務的行動有一個中間的階段。我們需要服事孩子，但當他們做得到的時候，就得教他們服事自己，並且服事別人。當然，這並非簡單和快速的過程。教孩子做飯花的時間遠比自己做來得多。如果目的只是把飯菜擺上餐桌，那倒不如你自己做每一餐飯。但是，如果你的目的在於愛孩子——關注他們的最大益處——你就會想要教他們做飯。激勵孩子學習服務的最好方法，就是在教導之前或正在進行的時候，使他們看到你對家庭的眞愛行動，誠如你已經服事他們很多年了。

請你也要記得，你對孩子所做的服務行動有些來自於高度發展的技巧，而這是他們永遠也無法得到的。我們都各有不同的天賦，在一個家庭中可以使用各自特殊的能力互相服事。身爲父母者務必要小心，不要強迫孩子成爲我們的複製品，或更糟的是，成爲實現中我們自己無法圓夢的工具。我們寧可幫助他們發展自己的技巧，隨著他們的興趣，發揮神所賜的能力，成為按他們天賦所能成就的最佳人才。

實話實說

有些父母為了要使子女發展技能和獨立性而過度傾向於讓孩子凡事自己想辦法。科羅拉多州的維爾和凱西就是這類型的父母。他們富於嚴格的獨立與依靠自己的西部拓荒精神，並且用這樣方式養育他們的兩個男孩。他們是道道地地的西部人，似乎剛從蓬車裏跳出來的一樣。

維爾和凱西參加我的婚姻研討會，聽到五種愛的語言之後，認定服務不能做為一種愛語。維爾告訴我：「我不認為父母親應該為孩子做他們自己能做的事。不斷地替孩子做事，怎能教他們獨立？他們要學會自己套牢小公牛。」

「孩子們自己做飯嗎？」我問。

「這是我的工作，但他們能做其他的事。」凱西說。

「他們出獵時，都自己做飯，做得好極了。」維爾補充說。這對夫婦顯然以他們的兒子為傲。

「當你聽了這些愛的語言之後，你們知道自己孩子的主要愛語是什麼嗎？」

「不知道。」維爾說。

「你們認為自己的孩子覺得被愛嗎？」

「應該是吧，他們應該如此。」

「你們有勇氣問他們嗎？」我探問他們。

「你的意思是什麼？」

「我的意思是你叫每個孩子獨自到你面前，對他說：『兒子，我要問你一個我從未問過的問題，而這個答案對我很重要。你覺得我愛你嗎？請實話實說。我真的想知道你的感覺如何？』」

維爾沉默了好一會兒，說：「這可就很難開口了。我不知道這有甚麼必要。」

「這是沒有必要，」我回答說：「但是，如果你不問，你就永遠不會知道他們的愛之語。」

維爾回家後，腦中一直迴響著我的話。「如果你不問，你就永遠不會知道……」於是他採取行動，從小兒子巴克開始。當他們從牛欄後面走出來，單獨在一起時，維爾提出我所建議的問題。巴克回答說：

「爹地，當然啦，我知道你愛我。你花時間跟我在一起，出城的時候也總是帶著我同去。在野外的時候，你會找出時間來跟我說話。我常想你這麼忙，我卻有這麼多時間跟你在一起，眞是特別。」當維爾感情激動得說不出話來時，巴克問：「爹地，是不是有什麼不對勁呢？你不致於快要死，或出了什麼問題吧？」

「不是啦，我沒事。我只是要確定你知道我愛你。」

這是一個很感人的經驗，使維爾足足過了一個禮拜之後，才能鼓起勇氣跟十七歲的賈克談。有一天晚飯後，當他們單獨在一起時，維爾轉向他的兒子說：「賈克，我想問你一個我從未問過的問題，而這個答案對我很重要。它對你可能很困難，但我要你實話實說，因爲我眞的想知道你的感覺。你眞覺得我愛你嗎？」

沉默了好一會兒後，賈克問：「爸，我不知道要怎樣說才準確。我想我知道你愛我，但是有時候，我感覺不出來。還有一些時候，我覺得你根本不愛我。」

「兒子，那是些什麼時候呢？」

「當我需要而你不幫助我的時候。就像在四十號下面起火時，我打發巴克送話給你，說我需要你的援助。他回來卻告訴我，你知道我能自己想辦法解決。是的，巴克和我撲滅了它，但我仍然一直納悶你爲何不來。我不斷地告訴自己，這是因爲你要使我獨立起來，但我也一直覺得你不愛我。」

賈克繼續說：「當我十歲時，爲數學傷透了腦筋，我求你幫助，你說我能自己解決，因爲我很聰明。我知道你曉得怎麼做，而且只要解釋一下，就能幫助我，但你令我很失望。還有，像那輛蓬車卡住時，我請你幫助我拖出來。你說，我把它卡住，就該知道如何把它拖出來。我知道我能把它拖出來，但我希望你幫助我。」

「這些就是我覺得你不在乎我的時候。就像我說的，我知道你確實愛我，但我並不總是覺得你眞的愛我。」

這些話就足夠令一位牛仔大哭了。維爾說：「賈克，我很抱歉，我就是不知道你的感覺如何，我早就該問你了。我要你獨立和依靠自己——你做到了！

我以你為傲，但我要你知道我愛你。下一次，你需要我幫助時，我會隨傳隨到，我希望你再給我機會。」然後，這兩個男人在安靜的廚房中互相擁抱。

大約又過了七個月，當一輛蓬車在溪邊卡住時，維爾得到機會了。兩個兒子花了兩個多小時仍然束手無策。最後，賈克打發巴克去請老爸。當維爾立即套上馬鞍跟巴克騎到溪邊時，巴克簡直無法相信父親的反應。而且，當蓬車一拉上來時，巴克更訝異了，維爾抱住賈克並對他說：「多謝了！好傢伙，我很感激你給我這個機會。」從廚房裏開始改善的事終於在溪邊完成了，這位強悍的農夫學會了溫柔的一課。

充滿愛的服務

因為服事一個孩子鐵定要持續好幾年，而且這些事情總是在百忙中湊熱鬧，以致於為人父母者可能會忘掉他們所作的日常俗務其實是具有長遠功效的愛的表現。有時候，這些父母甚至可能會覺得自己是被配偶和孩子套牢的奴隸，而不是一個充滿愛的僕人。然而，如果他們抱持這種態度，這種情緒會自動地傳給孩子，讓孩子覺得他從這些服務行動中得不到愛。

愛的服務並非有些人所害怕的奴役。因爲，奴役是從外面加諸於身上的工作，叫人做得不心甘情願。而愛的服務則是一種從內心激發出來的願望，想要把自己的精力投注在別人身上。愛的服務是一份禮物而不是一種日用品，並且是出於自願，而非在外力的強迫下做的。父母若帶著怨恨和苦毒的心情服務，孩子的物質需求或許會得到滿足，但他的情緒發展將會受到很大阻礙。

因爲服務是每日都要做的，即使是最好的父母也需要不時地停下來檢視一番，以確保自己的服務行動所傳達的是愛。

服務的終極目的

爲孩子所做的服務行動最高目的在於幫助他們成爲成熟的大人並學會藉由服務的行動去愛別人。而服務不僅包括幫助自己所愛的人，也要服事那些根本無法回報或償還這些慈愛的人。因爲孩子與服務的典範——服務家人與外人的父母同住，他也會學到如何服務別人。

聖經啓示犧牲的服務是取悅神的一種方式。當耶穌在一位著名的宗教領袖家裏作客時，對招待他的主人說：

「你擺設午飯或晚飯，不要請你的朋友、弟兄、親屬，和富足的鄰舍，恐怕他們也請你，你就得了報答。你擺設筵席，倒要請那貧窮的、殘廢的、瘸腿的、瞎眼的，你就有福了……」（註1）

多麼有能力的話！這就是我們要孩子做到的——帶著憐憫和眞愛爲人服務。但是我們的孩子尙未成熟，他們生來就以自我爲中心，我們不能期待他們用無私的動機服務他人，因爲他們會希望好行爲受到獎賞。所以我們要花很長的時間，才能使他們用無私的服務行動去愛別人。

以身作則

我們要怎樣才能達到這個終極目標呢？首先，我們要確定孩子覺得自己眞正受到關愛和照顧。我們要保持他們的情緒箱子滿溢。此外，我們也是他們的模範。藉著我們的榜樣，他們首先享受到充滿愛的服務行動。當他們長大並能夠表達感激時，我們可以逐漸把命令改成請求。請求不是要求。當孩子被命令去做事時，要他們表示感恩，簡直難如登天。這當中的不同，有如「向你父親說謝謝」以及「你能向你父親說謝謝嗎？」之差異。請求是一種比較緩和、防止怒氣，並幫助我們積極、愉快的作法。

當孩子成熟時，他們會逐漸注意到別人做在他們身上的事，也會意識到父母從前為他們所做的事。當然，他們不會記得誰替他們換尿布或餵奶，但看到別人的父母這樣照顧嬰孩，他們就會知道自己也享受過這種服務。由於確信真的被愛，他們就會感謝所得到的食物，也會變得更能留意說故事的時間與家庭遊戲，以及父母教他們騎腳踏車、幫助他們做家庭作業、生病時的照顧、受傷時的安慰、帶他們到特別的地方購物與送禮物給他們等等。

最後，這些孩子會注意到他們的父母也服事別人，因而學會服侍病人或接濟不幸者。他們會加入幫助別人的工作計劃，特別是那些不同於日常生活的服務。他們不需要旅行遠方就能找到不幸的人，在大多數大小城鎮中都有很多窮人。你的家庭可以獨自或跟著社團與教會機構，花一天或一週去服事一個傳教團體、貧困兒童的營會、做食物或湯的廚室，或療養院。當父母和孩子一起做這些服務時，這些活動會變成學習助人爲快樂之本的最佳功課。

並且，透過工作或民間機構，偶而也會有異國風味十足的出國服務機會。有一年，我向一個基督教事工團體——威克里夫聖經翻譯會，申請自願去玻利維亞當醫生，甘伯全家都來幫忙我。我仍記得我們的診所曾醫治過一個三歲的印第安小男孩，他斷了一條腿且傷勢很嚴重，上了六週的石膏動彈不得。很多當地宣教士的孩子都服事過這個小男孩。聖誕節的時候，我心裏受到很大的震撼，我的女兒凱莉當時八歲，把她最心愛的聖誕禮物——一個新娃娃，送給這小男孩的妹妹。

改變孩子的行為

社工的精神和宣教的事工，就是衷心地希望用服務的行動來幫助別人。但父母也可能方向偏差且實際地妨礙了孩子無私地奉獻自己。所以，我們在服務的時候必須小心謹慎，絕不能帶有條件。若父母只因爲了孩子的行爲令他們滿意才服務他們，這種服務的行爲就是有條件的。這些會察顏觀色的孩子會學到，只有在受惠者身上有某些他希望得到的東西時，他才會服務對方。

許多父母很想改變孩子的行爲。心理學家告訴我們改變行爲的主要方法是透過行爲矯正——這是一種與人建立關係的方法，透過積極或消極的強化方法，對於某些特定行爲給予獎勵或懲治。這對於管教孩子來說或許有些用處，例如：用來矯正孩子不肯改變且重覆發生的問題。但行爲矯正與服務別人的行動沒有關係，那是一種操縱人的方法；相反地，要實踐服務的行動須透過無私的關切和愛心。時候一到，這種動機自然會改變孩子的行爲。

「它對我有什麼好處？」這是我們這個社會主要的心態，這種心態跟服務行動的愛語正好相反（也跟基督教的社會關懷與宣教事工之主要精神相反）。因爲行爲矯正學說在七〇年代達到顚峰，影響了現代很多正在養育子女的父母，你或許就是被這種心態養大的孩子。現在，你想使孩子發展成爲一個正直的人，你要他們對別人仁慈和慷慨，特別是對那些不幸者，而你或許會納悶在我們這物質主義和貪婪的社會中不求任何回報，是否做得到。

當然有可能了，而這大部份因你而定。孩子需要在你身上看到你要他們發展出的特質。他們需要經驗你的服務行動，並參與你照顧他人的行動。你必須以身作則來教他們關心別人。

款待的例子

一個最好的款待方法便是在家中招待人。家庭招待是一個很大的寶藏，因爲這個服務行動眞的能使人彼此認識並建立堅固的友誼。當你開放家庭時，你的孩子就會學到這個跟朋友和家人分享愛的好方法。

有趣的是，越來越多人在餐館款待而非在家中聚集。但是家庭的溫暖和親密是很特別的，它對於與別人培養良好的關係很重要，並且在家中所建立的關係能達到更深的層次。

在七〇年代早期，我們甘伯家每個禮拜五晚上開放給大學生來。這些大學生們都從附近的學校前來參加，包括威克森林大學（Wake Forest University）大學生在內，我們家會同時擠進廿至六十位學生。我們招待的方式很簡單，從晚上八點到十點，我們在聖經中抽出一節經文，跟他們討論人際關係、道德或社會問題。然後有個點心和不拘形式的談話時間。直到午夜，我們才把他們趕回家。

那些年間，我們的孩子，雪莉和德瑞克年紀都還很小，在聚會時常到處穿梭遊走，有時靠著壁爐旁睡在學生的懷中，有時與人交談。這些學生是我們的延伸家庭，而孩子們總是期盼著禮拜五晚上趕快到來。

禮拜六早上，有些學生常會回來參加我們後來稱爲「行善計劃」的活動。我們把學生載在箱形車上，沿著社區分派他們爲老年人掃落葉、清理水溝或做其他日常雜務。雪莉和德瑞克一直參與著這些服務計劃，而且他們總是堅持要有自己的耙子，雖然他們最愛的是在耙好的樹葉堆裡跳上跳下。

長大成人後，雪莉和德瑞克常回想起他們跟學生們打成一片的時光，那是他們孩童時期最有意義的一部份。現在是位婦產科醫生的雪莉承認，她童年跟鮑門．葛瑞醫學院（Bowman Gray Medical School）的學生談話，對她的職業選擇產生很大的影響。她和德瑞克都很有人緣。德瑞克因冬天邀請遊民到他的公寓而聲名大噪（我們曾教他這樣做嗎？）我們確信跟別人分享我們的家庭以及叫家人參與服務行動，對孩子產生意義深長而正面影響。

請將教會孩子自在地服事他人訂爲你的目標。你的孩子不會偶然地學到這點，相反的，他們會在你服事他們及別人時觀察和學習到。他們也能從你所賦予他們的一小部份責任中學到這點。當他們長大時，你可以增加他們的工作份量。

當孩子的主要愛語是服務的行動時

眞正表達愛的服務行動，可以和大多數孩子進行感情層次的溝通。然而，如果服務是孩子的主要愛語，那麼服務行動就最能表達你的愛。當孩子請你修一輛腳踏車或縫一件洋娃娃的衣服時，他們不只是要求做一件事，而是渴望得到充滿感情的愛。這就是賈克要他父親維爾幫忙做事的原因。

當父母辨識和回應這些請求並用充滿關愛和正面的態度予以協助時，孩子會帶著充滿的愛箱離開，就如賈克一樣。但是，如果父母拒絕這些請求或用粗暴和批評的話回應，孩子可能也會騎著修好的車子離開，但是卻會帶著一個失望的心情。

如果孩子的主要愛語是服務的行動，並不代表你必須有求必應，卻表示你對這些請求要特別敏感，並且要知道你的反應若不是塡滿孩子的愛箱，就會戳破這個箱子。孩子的每項請求都需要你體貼且充滿愛的回應。

孩子們說的話 ＊＊＊

以下是一些孩子針對他們的主要愛語所說的話。

七歲的克利斯多，過去三年來健康情況一直很差。「我知道媽咪愛我，因爲當我需要人幫助我做家庭作業時，她都會幫助我。當我必須去看醫師時，她會請假帶我去。當我病得很重時，她會做我最愛喝的湯。」

十二歲的布列得里跟媽媽和弟弟同住。六歲時，父親離開他們。「我知道母親愛我，因爲我的襯衫扣子掉落時，她會幫我縫，並且每晚幫助我做家庭作業。她努力做好護士的工作，好使我們不愁吃穿。我想爹地也愛我，但他的幫助不大。」

十四歲的茱蒂，心智有點障礙，就讀於公立學校的特殊教育班，她跟母親同住。「我知道媽咪愛我，因爲她幫我舖床及洗衣服。在晚上，她會幫助我做家庭作業，特別是我的美術科。」

米娜妮也是十四歲，她是家中四個孩子中最大的。「我知道父母親愛我，因爲他們替我做很多事。媽媽替我做學校戲劇的服裝。事實上，她也替其他兩個人做，這眞使我以她爲榮。爹地總是幫助我做家庭作業，而且今年，他花了很多時間在我的代數上，我簡直不能相信，他還能記得這些東西。」

對於這些孩子而言，父母的服務行動出自於充滿感情的愛。當孩子的主要愛語是服務的行動時，父母會學到服務就是愛。服事孩子和其他人，他們會了解你愛他們。

附註

第6章
愛的語言之五：服務的行動
Love Language #5: Acts of Service

1. 路加福音十四：12～14

第 7 章
發現孩子的主要愛語
How to Discover Your Child's Primary Love Language

第7章

發現孩子的主要愛語

How to Discover Your Child's Primary Love Language

我們已經逐一介紹過五種愛的語言，而且也聽過孩子述說每一種愛語如何對他們說話。但你可能仍想知道，我孩子的主要愛語是什麼？因爲不能確定自己知道。辨認孩子的主要愛語得花時間，然而到處都有線索。在這個偵測篇，我們要幫助你發現孩子的主要愛語。

然而，在開始揭開這些線索之前，讓我們先思考值得尋索的另一個重要原因。我們提及使用孩子的主要愛語能幫助他們覺得被愛。當孩子覺得被愛而愛箱充滿時，他在生命的每個層面裏都會對父母的引導比較有反應，也會毫無怨尤地甘心聽話。另有一個同樣重大的理由，叫我們不但表達孩子的主要愛語——也表達其他另外四種愛語。當我們使用五種愛的語言，並且都特別著重於他們的主要愛語時，我們便是引領他們如何愛別人，以及告訴他們自己也需要學著訴說別人的愛語。

讓愛產生最大的果效

當我們表達所有的五種愛語時，會有什麼好處呢？我們可能教導孩子使用所有的愛語去愛別人。因此，當他們長大後會對別人的需要比較敏感。如同你一樣，孩子必須能夠用五種愛語去關愛和養育別人，因此具有表達這五種愛語的能力，會使他們成爲比較平衡的人，並能在社會中發揮功用。因爲做到這點，他們能表達所有的愛語，不但滿足自己的需要，也對別人有所幫助。

所有孩子都是自私的，所以他們通常不了解使用自己不熟悉或不舒服的方式跟別人溝通的重要性。舉例來說，有的孩子或許不肯跟人分享及送人禮物；有的孩子可能傾向於獨來獨往，並難以了解愛社交的人對於精心時刻的需要。另一種孩子可能是行動派，而對於語言的溝通有困難，非常安靜的孩子通常是這樣。幫助這種孩子更有話說、更肯定和外向，對父母而言便是一種愛的表現，而孩子會學到這個重要的愛語——肯定的言詞。

當我們爲人父母者，學著表達我們孩子的主要愛語時，雖然這些愛語不同於我們自己的，但我們是在向他們展示一種無私、服務別人的方式，我們是在引導他們長大成熟、給予和照顧別人。舉例來說，如果所有的孩子都學會善用第五種愛的語言：服務的行動，讓我們想像會發生什麼情況？到處拜託人作市區清掃運動的義工社區協會，會在一天之內把大多數的街道掃得一乾二淨，他們也會有很多義工，蜂擁參加「歡迎鄰舍」的活動，而教會則會有一大串等候名單，要在幕後幫助這個委員會執行各類的工作和服務。

這要花工夫

了解到這點後，我們應該都能同意向孩子表達五種愛語是重要的，並且學習孩子的主要愛語是不可或缺的。但我們該如何學習他們的愛語呢？

這要花工夫。對於一個兒童，我們必須用這五種愛的語言向他表達愛，這是他的感情能夠發展的原因。然而，即使兒童還幼小，你或許也能開始發現他偏好的愛語——如果你能開明地使用所有的愛語。例如：一個嬰兒或許對母親的聲音沒什麼反應，而另一個孩子可能會覺得母親的聲音很有安慰的力量。一個嬰孩或許因有人接近而安靜下來，而另一位則似乎不會注意到別人的接近。

當孩子漸長時，你會開始了解某種愛語遠比其它愛語更能深刻地表達出你的愛。而且，當這個愛語被人用負面的方式表達出時，孩子受到的傷害也特別大——請記得這兩項有關愛語的眞理，你將會更善於表達愛，而當你對孩子生氣或失望的時候，也比較不會產生殺傷力。

發現孩子的主要愛語是一種過程，這要花工夫，特別是當孩子年紀還小的時候。年幼的孩子剛開始學習如何使用各種愛語來接受和表達愛，這代表他們要以實驗來找出能滿足他們的行動和反應。所以，他們會使用一種特定的反應一段時間，但這並不代表就是他們的主要愛語。在幾個月之內，他們或許會需要另外一種愛語。

看著凱咪長大

在我們甘伯家裏，我們曾因觀察我們的孫女凱咪在她曾祖母住的療養院中與年長者之間的互動行爲而被吸引得興趣盎然。在她二、三歲的時候，就愛畫住在療養院裏的人，並且送他們每人一張畫。即使曾祖母因爲患了阿滋海默症而仍然不認識凱咪，凱咪也要曾祖母在生日和聖誕節收到足夠的卡片。這使我們容易認爲凱咪的主要愛語是服務的行動。然而，這是錯誤的，因爲她太小了以致於使任何人都無法準確地辨識她的愛語。我們也注意到她需要父母的注意，特別是身體的接觸、眼神的接觸、肯定的言詞和精心的時刻。

改變時期

當凱咪漸長時，我們觀察她接受與表達愛的方式，我們同時也謹記著她會經歷一段主要愛語改變的時期，特別是在青少年時期。我們提到這點乃是希望你能記得，人的愛語並不像石頭一樣固定不變。儘管你必須找出孩子的主要愛語，你也要記住孩子會經歷愛的各個階段，這與他們在其它方面的生命經歷一樣。他們試著要向外發展，正如他們的嗜好與學術興趣一樣。他們或許會喜歡用某種愛語接受，而用另一種愛語給予。當孩子或許仍會改變時，你要確定別硬把他們定型了。

雖然這章強調孩子的主要愛語，但請你切記莫忽視其他四種愛之語。孩子要學會使用所有的愛之語來接受和給予愛，這是很重要的，因爲當他長大時，他會碰到主要愛語跟他不同的人。他越能有效地使用所有愛之語，便越能有效地成爲愛的傳達者，並且更能欣賞未來的配偶、孩子、同事和朋友。

發現孩子的主要愛之語最高價值在於它能給你一個傳達愛的最有效方法。當你察覺孩子失望和冷漠時，你會知道如何集中你的愛向他表達溫情。

發現主要愛語

當你開始尋找孩子的主要愛語時，最好別和孩子討論，尤其是對十幾歲的青少年。孩子天生是以自我爲中心的。如果他們知道愛之語的概念對你很重要，他們或許會藉此操縱你以滿足他們短暫的慾望，而這種慾望跟深層的感情需要完全沒有關係。

舉例來說，如果孩子請求你買一雙很貴的籃球鞋，他或許會利用這個愛之語的觀念當作操縱你購買鞋子的方法。他所要做的就是告訴你，他的主要愛語是接受禮物，如果你眞的愛他，你就會買這種鞋子給他。對一個想找到孩子主要愛語的父母而言，你可能會買這種鞋子送給他，然後才知道受騙了。請記得，正面的教養方式並不代表要給孩子想要的所有東西。

所以，請利用以下方法尋找孩子的主要愛語。

1. 觀察孩子如何向你表達愛

注意你的孩子，他或許會表達他的主要愛之語。這招對幼小的孩子特別適用，他向你所表達的愛之語，可能就是他最希望你向他表達的愛之語。如果五到八歲的孩子常對你說感謝的話，例如：「媽咪，我很喜歡這頓晚餐。」、「爹地，謝謝你幫助我做家庭作業。」、「媽咪，我愛妳。」或「爹地，祝你今天愉快。」你可以當然地猜想到他的主要愛之語是肯定的言詞。

這個方法對十五歲的孩子就不管用，特別是那些曾經操縱他人的孩子。他們或許會透過試驗錯誤法學到，如果他們說正面的話，即使你還沒有完全被說服按照他們的要求，也可能對他們的慾望讓步。因此，第一個方法最好用在五到十歲的孩子身上。

2. 觀察孩子如何向別人表達愛

如果一年級的孩子，總是要帶禮物送給老師，這或許表示他的主要愛語是接受禮物。然而務必小心的是你不要建議他送禮物給老師。否則孩子只是單純地跟從你的引導，而這禮物既非愛的表示亦非他主要愛語的線索。

主要愛語是接受禮物的孩子，會從禮物得到極大的快樂，也希望別人分享他的快樂。他認為別人也能感受到他收到禮物的感覺。

3. 聽聽孩子最常要求什麼

如果孩子常要求你跟他玩遊戲、一起散步，或坐下來讀一個故事，他就是在要求精心的時刻。如果他的要求似乎都符合這種模式，他就是在要求感情上最需要的東西，也就是全心的關注。當然，所有孩子都需要關注，但以這種方式接受到最深之愛的孩子，要求相聚的時間會大大地超過其他孩子。

如果孩子不斷地請求你評論他的工作，那麼他的愛語或許就是肯定的言詞。諸如下列問題：「媽咪，你覺得我的畫怎麼樣？」、「我的家庭作業做得好不好？」、「我的衣服好看嗎？」或「我演奏的曲子怎麼樣？」都是對肯定言詞的要求。再說一次，所有的孩子都需要而且想要得到肯定的話，甚至偶而也會要求人家肯定他。但如果孩子的要求一直趨向於這方面，這就是一個強烈的暗示：他的愛之語是肯定的言詞。

4. 注意孩子最常抱怨什麼

這個方法與第三項有密切關聯。但是，孩子在此不是直接要求某些東西，反而是抱怨沒得到某些東西。如果他抱怨：「你從來都沒把時間給我」、「你總是要照顧寶寶」、「我們從來不曾一起去公園」他透露的不止是一個新寶寶所引起的挫折。他表達的是自從寶寶出生，他從你那裡得到的愛變少了。在這些抱怨中，他很顯然是在要求精心的時刻。

一個對缺少精心時刻的偶然抱怨，並不能顯示孩子的主要愛語。例如：「爹地，你工作太多了」或許只是重覆他從媽媽那裏聽到的話；或者「我希望我們跟班恩的家人一樣去渡假」可能只是表達要像班恩一樣的願望。

每個孩子偶而都會抱怨一下，並且這種抱怨很多都只跟即興的慾望有關，不一定是一種愛之語的指標。但是，如果這種抱怨形成一種模式而且超過半數集中在一種愛語上，那麼它們就有高度的指示作用。因此抱怨出現的頻率是重要的關鍵。

5.給孩子二選一的機會

引導孩子在二種愛之語中作選擇。例如：一位父親可以對十歲的兒子說：「艾立克，我這星期四下午很早就要出門，我們可以一起去釣魚，或者我也可以幫你挑選一雙新的籃球鞋。你比較喜歡怎麼樣？」這個孩子就會在精心的時刻和接受禮物之間，做一個選擇。一位母親也可以對她的女兒說：「我今天晚上有空。我們可以一起去散步，或者我也可以爲妳縫製新裙子。妳比較喜歡哪一項？」這顯然是精心時刻與服務行動之間的選擇。

當你連續數週讓孩子選擇後，請記下他的選擇。如果大部份的選擇密集在一種愛語上，你可能已經發現那個使孩子最覺得被愛的語言了。有些時候，孩子會都不要這兩種選擇，而建議另一種選擇。你也要保留這項要求的記錄，因爲它們或許會給你帶來一些線索。

如果孩子想知道你爲什麼頻頻給他這些選擇，並且詢問你到底發生了什麼事，你可以說：「我一直在思考要如何把時間投資在家人身上。當我們有時間在一起時，我如果可以知道你要利用這段時間的想法和感覺，會是一件很好的事。這對我很有幫助，你覺得怎樣？」你可以按照希望盡量把這個問題回答得哲學又簡單。無論如何，你所說的話是真的。當你尋求要發現孩子的愛語時，你也等於是給他練習作選擇的機會。

使用選擇來發現愛語

給五歲孩子的選擇

提供給孩子的選擇視孩子的年齡與興趣而定。下面只是一些例子用來激發你的創造力。你或許可以對一年級的學生說：

「你比較喜歡我替你烘個蘋果派（服務的行動），或者我們一起去公園散步呢（精心的時刻）？」

「你想跟我摔角（身體的接觸），或者一起讀一個故事（精心的時刻）？」

「當我出城兩天的時候，你希望我帶一個禮物給你（接受禮物），或寫給你一首詩描述你是一個多麼棒的男孩子（肯定的言詞）？」

「現在，你比較喜歡玩：『我喜歡你，因爲……』的遊戲（肯定的言詞），或者要我替你修理故障的玩具（服務的行動）？」

在「我喜歡你，因爲……」的遊戲，是親子輪流完成「我喜歡你，因爲……」這個句子。例如：父母說：「我喜歡你，因爲你有美麗的笑容。」然後孩子說：「我喜歡你，因爲你讀故事書給我聽。」父母又說：「我喜歡你，因爲你對妹妹很好。」這是一個很有趣的方式，不但能對孩子說肯定的話，也能教導孩子肯定父母。

給十歲孩子的選擇

如果孩子接近十歲，你可以問下列的問題：

「爲了慶祝你的生日，你想要一輛新腳踏車（接受禮物），或是跟我一起去華盛頓特區旅行（精心的時刻）？」

「今天晚上，你希望我替你修理電腦（服務的行動），或我們一起去打籃球（精心時刻與身體接觸）？」

「這個週末我們去看祖母時，你比較喜歡我告訴她這個學期你在學校裏表現得多麼棒（肯定的言詞），或者要我買一個很驚喜的東西給你，因爲你在那兒表現得很好（接受禮物）？」你或許可以選擇兩者都做。

「你比較喜歡我看著你練習做體操（精心的時刻），或者買一件緊身衣送給你（接受禮物）？」

給十五歲孩子的選擇

下面這些選擇適合十五歲的孩子：

你和孩子買了一輛老爺車，你希望在他十六歲之前，把這輛車子的性能弄好。這個選擇題是：「這個週六，你喜歡我們一起弄車子（精心的時刻），或者我自己來弄車子，你跟朋友出去玩（服務的行動）？」

「禮拜六下午，你比較喜歡我爲你買一件夾克（接受禮物），或者當爹地外出時，我們兩人去小木屋玩（精心的時刻）？」

「因爲今天晚上只有我們兩人在家，你比較喜歡我們出去吃飯（精心的時刻），或者我做一個你最愛的披薩（服務的行動）？」

「如果你覺得灰心，而我要爲你打氣，哪一種方式會對你比較有幫助——

我坐下來告訴你我多麼疼愛和讚賞你，然後說出你的優點（肯定的言詞），或者我只要單純地給你一個熱烈的擁抱並說：『好傢伙，我支持你。』（身體的接觸）？」

如果你能經常地使用到足以看出孩子對某種愛之語的明顯偏好，提供的選擇才有用。並且在你能看出一個清楚的模式之前，你可能要提供廿至卅個選擇，因爲孤立的答案只不過是指出一時的喜好而已。

如果你決心要做得很有創意，可以草擬出卅個二選一的選擇題，並讓每種愛之語被選上的機會一樣多，然後當作一個研究計劃送給孩子作答。大多數十幾歲的青少年都會合作，而且這些結果能使你清楚地解讀孩子的愛之語。

一個為期十五週的實驗

如果上述建議無法提供你有關孩子主要愛語的線索，下面這個實驗或許能使你達到目的。但是一旦開始，你就要有心理準備持續做完十五週。

首先，選擇五種愛語的其中一種，作爲最初兩週的焦點。每當你向孩子表達愛的時候，集中使用這個愛之語。舉例來說，如果你從精心的時刻開始，每天至少要找出卅分鐘全心貫注在孩子身上，以表達你的愛。一天帶他吃早餐，另外一天一起打乒乓球或讀一本書。當你付出這些個別的關注時，觀察孩子的反應如何。如果在兩週結束後，孩子向你求饒，你就知道該找另一種愛語了。然而，如果你看到他眼中出現新的光彩，又聽到他多麼喜歡跟你相聚的時間這類正面的話，你或許已經找到所要的了。

過了這兩週，鬆弛一週看看，但並非全然鳴金收兵，只是用本來三分之一的時間來做，這會使你們的關係比較接近未開始實驗以前的情形。然後，選擇另一種愛之語，在接下來的兩週裏集中焦點於此。舉例來說，如果你選擇身體的接觸爲愛之語，你每天要用有意義的方式至少碰觸孩子四次。所以，你可以在他離家上學之前來個擁抱和親吻；當他回家時，給他一個熱烈的擁抱；當他坐下來吃晚飯時，按摩他的背部一分鐘。然後，當他看電視的時候，再拍拍他的背部。可以每天重覆這個程序，方式也可以稍微改變一下，但每天總要有意地碰觸他四次以上。

然後觀察他的反應。如果他在兩週結束時躲得遠遠地，且說：「別碰我！」你就知道那不是他的主要愛語了。但如果他順水推舟，讓你知道那種感覺眞好，你或許就已經步上正軌了。

下一週，你再退回一大步，並注意孩子的反應。然後，選擇另一種愛之語，並實驗看看。在之後數週的摸索裡，繼續觀察孩子的反應。他或許會要求之前的某種愛語。如果這樣，他就給了你一條線索。或者，他抱怨你停止兩週前表現的行為，這也是一條線索。

如果孩子想知道你要做什麼，你可以回答說：「我想用各種方法來愛你，使你知道我多麼關心你。」千萬不要提到主要愛語的概念，以免功虧一簣。並且，當你做實驗時，請記得孩子仍然需要所有五種愛語所表達的愛——安慰的話語、集中的注意力、愛的行動、適當的禮物和身體的接觸。

如果你有十幾歲的孩子⋯

如果你正在養育十幾歲的青少年，你會了解這跟世界上所有的工作都不一樣。因為青少年所經歷的常常改變，因此他們給予和接受愛的方式也可能會隨著情緒而改變。大多數的青少年會經過一些階段，給它們最佳的形容是「咕嚕時期」，因為從他們那裏得到的，只是一些聽起來像是「咕嚕、咕嚕」的含糊聲。

媽咪：「嗨！寶貝兒子，你好嗎？」

提姆：「好。」（好像蚊子叫一樣）

媽咪：「今早你要做什麼？」

提姆：「沒。」（也好像蚊子叫一樣）

對一位處在這種過渡期的十幾歲青少年而言，除了身體的接觸以外，他可能無法接受其他任何愛語，而且這種接觸僅止於很快地碰一下。當然，這些孩子有時也會冒出來透透氣。在他們比較有凝聚力的時候，你要儘可能地向他們表達所有的愛，特別是使用他們的主要愛語。

青少年有時會使你很難塡滿他們的愛箱，他們常會考驗你是否眞的愛他們。他們可能無端地表現出悶悶不樂的樣子，把事情弄得困難過了頭，或者甘脆做出消極的挑釁行爲。諸如此類的行徑可能是他們潛意識的問法：「你們眞的愛我嗎？」

這些行爲對父母都是一種試驗。如果你能維持鎭靜、沉著，和愉快（穩定且愉快），便可過關了，並且孩子最終會長大成熟而越過這段艱難期。

丹恩十三歲時，開始考驗他的父母。父親吉姆感受到一些初期的挫折，但同時他意識到自己使丹恩的愛箱枯竭了。他知道丹恩的主要愛語是精心的時刻之後，便決定花一整個週末跟兒子在一起，好把丹恩的愛箱加滿油——這眞是很大的挑戰，因爲青少年的愛箱很大。經過週末的相聚之後，吉姆覺得自己達到目的了，並且他下定決心以後絕不再讓丹恩的愛箱耗盡。

他們回來的那天晚上，吉姆有個很重要的會議，丹恩也知道。正當吉姆要離開時，丹恩打電話來：「爹地，你有幾分鐘的時間嗎？」這是個試驗。丹恩實際上是在問：「爹地，你眞的愛我嗎？」所以，很多父母都被這個問題考倒而失去冷靜。

幸運的是，吉姆知道這是怎麼一回事，所以就跟丹恩約定了一個時間：「我現在正要去開會，等我回家後，我們就可以相聚了，時間大約是九點卅分。」

如果吉姆對丹恩失去耐性地說：「我才剛花了一整個週末跟你在一起，你還要什麼？」他等於是在花了四十八小時才充滿的愛箱底下，打了一個大窟窿。

使用多種愛語的人

無論你孩子的愛語是甚麼，請記得表達所有五種愛語是很重要的。我們很容易犯的錯誤是，只使用一種愛語而摒除其它愛語。尤其是熱衷於送禮物的愛之語，因爲禮物所花的時間和精力似乎比較少。但是，如果我們落入這個陷阱中，送給孩子太多禮物，我們就剝奪了他們健全而滿溢的愛箱，而且也會導致他們用物質主義的眼光看世界。

此外，學會使用所有五種愛的語言，將使我們終生都能培育別人，這不僅包括孩子，也包括配偶、朋友和親戚在內。現在，我們的重點集中在培育孩子上，但我們知道幾年之後，他們會接觸到形形色色跟他們迥然不同的人。

身爲父母者，我們必須記得學習愛的語言是一種邁向成熟的過程，而長大成熟是一個緩慢、痛苦，且常常是困難重重的旅程。當我們變成會說多種愛語的人之後，我們也能幫助孩子使用所有的愛語去給予和接受愛。當我們忠於愛並以身作則時，我們就能預見孩子長大成人以後也能使用很多種方法與人分享愛。能做到這一點，他們就是傑出的大人了。

第8章

管教與愛的語言

Discipline and The Love Languages

下面哪一個字是負面的？愛、溫暖、笑、管教？答案是一個也不是。管教不是負面的字眼，這跟許多人的想法大相逕庭。管教一詞源於希臘文，其意義是「訓練」。管教含蓋引導孩子從嬰孩邁向成人的長期警戒工作，其目標在於使孩子達到一種成熟度而有朝一日能在社會中成爲負責的大人。這是一個正面的目標！

爲了訓練孩子的心思和性格成爲一位可以自我控制並有建設性的家庭與社會的成員，你需要用每一種方式與他溝通。你會用以身作則、模倣、口頭教導、文字要求、教導和灌輸他們正確行爲、矯正錯誤行爲和提供學習經驗等各種方法作爲引導。懲罰也是一種手段，並且也有它的地位，只是在大多數的家庭裏都被過度濫用。事實上，很多父母把管教和懲罰當作同義詞，以爲管教的意義就是懲罰。其實，懲罰是管教的方式之一，然而也是最爲負面的一種（參考第173頁）。

有些父母，特別是那些小時候沒有得到很多愛的父母，往往會忽視養育孩子的重要性。他們認爲養育的主要工作是懲罰，而不用其他比較正面的方式管教。其實如果要使管教發揮效用，父母必須使孩子的情緒箱子充滿愛。事實上，沒有愛的管教，如同操作一部沒有油的機器，可能剛開始還能運作一會兒，但最終難免以悲劇收場。

因爲管教有一些令人困惑的問題，在本章我們要集中焦點在這個常見且帶有矯正意義的字眼上，下一章我們會集中焦點在管教與學習方面。然而在這兩章中，我們都會探索愛之語如何幫助你教導孩子。

指導行為邁向成熟

通俗、流行的管教定義是建立父母的權威、發展行爲的準則，然後幫助孩子按照這些方針過生活。每一種文化都對成熟的行爲有所期待，並且也都設法要達到這些期待，只有在這個世紀，且在一個很短暫的時間裏，才有些人認爲孩子不需要管教。這種「不干涉」的養育方法讓孩子隨心所欲，根本無法培育出快樂和負責的孩子。

在歷史上，所有社會都視人類爲道德的受造物。在較大的社會團體中，有些事情被認爲是對的，而有些是錯的；有些能被接受，而另一些則無法被接受。儘管標準到處都有不同，但是沒有哪一個社會與道德無關。每一個社會都各有法典、規則、法律和倫理協定。如果有人選擇過不道德的生活，不但會自作自受也會傷及自己的社會。

父母在管教孩子的事上，扮演了主要的角色，因爲他們負責向下一代詮釋社會普遍接受的標準。小寶寶沒有能力決定如何生活，如果沒有父母的管理規則，孩子無法活到成人的階段。在嬰兒期，父母必須完全力行這些規則並管理孩子的一切行爲。也就是說，無論一個小男孩如何被熊熊上昇的火焰所吸引，父母也不會允許他爬到火邊。之後，當他開始學走路時，他會被禁止接近街道，以免被經過的車子撞到，父母也必須把藥品和有毒物體放在他伸手搆不到之處。

從這個完全需要管束的嬰兒期開始，父母要教養孩子十幾年，使他的自律程度達到一個能被社會接受的水準。這條通往成熟的道路是每個孩子必經之路，也是爲人父母必須接受的責任。這是一份令人敬畏的工作，需要智慧、想像力、耐心和大量的愛心。

管教的標準和方法因家庭而異。也許在大多數無文字的文化中差異不大，但在我們這個多元化的西方文化中，差異卻是非常大的。第一次世界大戰以來，美國人的思想範圍擴大，成爲所有西方文化中思想差異最大的文化。有一項被假定爲可以引導孩子發展的科學步驟被發展出來，因著這個方法，很多父母對常識性的養育法失去信心而準備接受最近權威性教師之引導。然而，這些教師——人人心目中的專家，往往提供彼此抵觸的理論和互相矛盾的，使美國家庭的管教標準產生很多不和諧之處。

愛與管教

愛是留意他人的益處，管教也是如此，所以管教當然是一種愛的行動。而當一個孩子越覺得被愛，要管教這孩子也就越容易。因爲若要一個孩子接受父母的引導而沒有怨恨、敵意和障礙（消極的挑釁行爲），這孩子必須認同他的父母。這表示我們在管教之前，必須先使孩子的愛箱滿溢。

如果一個孩子不能認同他的父母，他會把每個要求和命令視爲一種懲罰，並且會很怨恨它。在一些極端的例子中，孩子對於父母的每個要求都憤恨得無以復加，以致於他對父母的權威——而且最終對所有的權威——都傾向於一種被扭曲的態度，因而做出與父母期待完全相反的事情。在我們的社會中，這種態度已經過度普遍了。

傑生是十歲大的孩子。他父親是個業務員，因爲工作關係必須每週出城四、五天。週末，他要刈草並做其它家事，偶而還會參加週六的橄欖球賽，因此傑生看到父親的機會不多。因爲傑生的主要愛語是精心的時刻，他從父親那裏感受不到很多愛。他父親在週末回到家時已身心俱疲而沒有心情忍受孩子氣的惡作劇。他的管教通常是怒氣沖沖的刻薄話，他認爲傑生需要這種管教才能成爲負責任的大人。然而事實上，傑生很恨這種管教，而且也很怕他的父親。他很少順從父親的心意，並且週末的大多數的時間都躲著父親。

即使是不經意的觀察，也能看出傑生的父親缺少愛而傑生缺少尊敬的關係。一個對父親的愛有把握的孩子，對於父親的尖刻話和生氣的語調，或許還能忍受。但像傑生這樣愛箱空缺的情況，那種管教只會製造憤怒和苦毒，絕不會教養出負責任的人。

如果傑生對父親的愛有把握，他會知道自已所受的管教在父親的心思意念中是爲了他的好處。然而因爲他不覺得被愛，就把父親的管教當作一種自私的行爲。傑生越來越認爲在父親眼中，他不過是個厭物，這使他的自尊心大受影響。

顯然，無條件愛孩子是非常重要的。如果你會表達所有的愛之語，就能十分有效地做到這點。每個孩子都需要無條件的愛來使他們愛箱滿溢。然後，你才能管教且得到最好的結果。所以，親愛的父母們，第一優先的事，便是先給孩子無條件的愛，然後才管教他們。

孩子如何能愛人

在我們可以用愛有效地管教孩子之前，我們需要先問兩件事：

一、一個孩子如何能愛人？

二、當孩子行爲不端時，他要的是甚麼？

孩子如何愛人？用的是不成熟的方式。相反的，成人們會尋求以無條件的方式來愛人，但又常常做不到，而是在進行想得到回報的愛。例如：約翰深愛瑪霞，希望跟她談戀愛。爲了要跨出最好的一步，他試著對她和悅、沉著、幫助、仁慈、尊重和體貼。因爲約翰對瑪霞的愛不肯定，但他沒有訴諸不成熟的行爲，反而努力要贏得她的愛，這種獲取愛的理性方法就稱爲互惠的愛，因爲約翰盡最大努力要使瑪霞反過來愛他。

但孩子的愛既不是互惠的愛，也不是無條件的愛，因爲他們尙未成熟，便用自我中心的方式愛人。他們本能地知道自己需要感到被愛——要有一個滿滿的愛箱。但他們不知道父母也有愛箱需要被充滿，他們眞正關心的只是自己愛箱的情況。當他們發現愛箱油量變少或空缺的時候，就會猛問：「你愛我嗎？」父母如何回答這個問題便大大地決定了孩子的行爲，因爲惡作劇的主要原因就是愛箱見底了。

有些父母認爲孩子應該用好行爲贏得愛和感情，但這偏偏就是不可能。孩子天生會不斷地用行爲來測試我們的愛。他會問：「你愛我嗎？」如果我們回答：「我愛你。」並充滿他的愛箱，我們就排除了這個問題的壓力而使他不必再繼續測試我們的愛，我們也比較容易管理他的行爲。然而，如果我們落入認爲孩子應該用好行爲贏得愛的陷阱中，我們會不斷地失望而把他看作壞孩子，認為他既沒禮貌又沒愛心。實際上，他只是要確定我們的愛而已。

當一個孩子透過他的行為問：「你愛我嗎？」我們或許不喜歡這個行為，但如果孩子覺得情況很迫切，他的行為會變得更不適當。沒有甚麼比缺乏愛更會使孩子陷於絕望的。然而，不先使孩子覺得被愛而要求他要有好行為，是極不合理的事。我們的責任就是使用所有的愛之語，並且特別著重他的主要愛之語，以使他的愛箱滿溢。

為了在愛中管教，我們要問的第一個問題是：「當孩子行為不端的時候，他要的是甚麼？」然而，當孩子行為不端時，很多父母卻問：「我該做甚麼才能矯正他的行為？」他們這樣問以後，接著答案就是「處罰」。這就是父母不選擇比較適當的訓練方式，而使懲罰被過度濫用的原因。當我們先訴諸懲罰後，就難以再考慮到孩子真正的需要。如果我們都這樣處理孩子不當的行為，孩子就不可能覺得被愛。

然而，當我們問：「這孩子需要甚麼？」的時候，我們就能理智地採用一個適當的處理方法。每個行為不端的孩子都有一個需要。忽視壞行為背後的需要，會阻礙我們把事情妥善處理。當我們反問自己：「我要做什麼才能矯正孩

老牌字號

如來素菜館

眞正不葱不蒜不肉
正宗素食菜館

苗必達
環球廣場

LU LAI GARDEN
Vegetarian Cuisine

210 Barber Court,
Milpitas, CA 95035
(408)526-9888

新式齋菜

回饋舊雨新知

品嚐素食眞味

晚餐攜報
15 % off

(必須出示廣告，7/6/07 止)

齋菜名廚推薦

特色齋菜

- 鹹魚雞粒豆腐煲
- 鐵板黑椒牛柳
- 香煎黑椒雪魚
- 碧綠荔茸鴨
- 五更腸旺豆腐
- 核桃蝦
- 豆瓣魚
- 炸酥雞
- 新 咖哩鮮竹豆付煲
- 新 北菇燴海參
- 新 紅燒獅子頭
- 新 宮保魷魚

唯有如來廚藝

▼周幼婷出席男友馬志翔導演的《十歲笛娜的願望》試片會，獻上香吻一枚。

momo將 Gossip

馬志翔雙手勝情

子的行爲？」常導致欠缺考慮的處罰。如果是問：「孩子需要甚麼？」將使我們有信心把情況處理得妥貼穩當。

行為不端的原因：愛箱見底了！

當孩子行爲不端時，而你問自己：「我的孩子需要甚麼？」之後，下一個問題應該是：「是否這孩子的愛箱需要充滿呢？」當孩子覺得被愛時，要管教他就容易得多了，尤其當行爲不端的原因是愛箱見底的時候，更是如此。在這個時候，你必須把愛的語言放在心上，特別是身體的接觸、精心的時刻，以及關愛的眼神。

當孩子顯然是在做不當的事時，他所做的事當然不該被原諒。然而，如果我們處理不當——太粗暴或太縱容——將會使孩子的問題擴大，而且那些問題會隨著他的成長而惡化下去。沒錯，我們需要管教（訓練）孩子以使他有好行爲，但是這個過程的第一步並非懲罰。

年幼的孩子要求愛的方式不會是很靈巧的。從一個成人的角度來看，他們很吵且常做不恰當的事。但當我們了解到他們眞正想求的是要我們花時間跟他在一起、抱抱他、對他付出時，就會使我們記起他們是小孩子，而我們負有寶貴的職責必須塡滿他們的愛箱，然後才訓練他們邁開人生旅程的下一步。

其他原因：身體的問題

如果孩子所有不當的行爲都是因爲愛箱空了固然還好，但事實並非全然如此。當孩子作怪的原因並非愛箱空乏，我們該怎麼辦？

在你問過自己：「這孩子需要甚麼？」並確定原因並非愛箱枯竭之後，你要問自己：「是身體的問題嗎？」第二個最常見的行爲不當的原因是身體問題，並且孩子年紀越小，行爲越會受到身體需要的影響。「孩子痛了嗎？餓或渴了？累了嗎？生病了？」即使是身體問題引起的壞行爲也不能被原諒；然而如果原因眞的是出於身體不適，這些有問題的行爲通常很快就會消失了。

孩子懊悔，父母原諒

讓我們假定孩子行為不端的源由並非因為身體的問題產。那麼下一個問題是什麼？「孩子是否後悔他所做的？」當孩子為他所做的感到眞正懊悔時，就沒有必要進一步處置什麼。他既已學到教訓而且後悔了，再懲罰反而會產生害處。因此如果孩子眞的難過並且懊悔，你應該高興才對。這表示他的良心尙且敏銳且運作得當。

當一個孩子（或大人）可以爲所欲為時，能夠管束他行爲的是甚麼呢？答案是一個健全的良心。什麼是構成良心的天然元素呢？答案是罪惡感。適度的罪惡感對於發展一個健全的良心乃是必要的。那麼什麼能除淨罪惡感，使它清潔得像一片新的石版呢？你猜猜看！答案是懲罰，特別是身體的處罰。然而，當孩子眞正覺得罪惡感時，你若再處罰他，反而會防礙他發展健全良心的能力，而且在這種情況下，懲罰通常只會產生怒氣和怨恨。

當孩子眞的為他不規矩的行爲懊悔時，你要原諒而非處罰他。在原諒他的典範中，你是在教他一個很理想的饒恕功課，使她能終生受用。經歷過父母的赦免之後，她能學會原諒自己並且日後也能饒恕別人，這是多麼棒的一份禮物啊！你曾否親見過一個孩子對錯事眞正後悔，然後經歷父母的赦免呢？這是一個罕見且令人難以忘懷的經驗。從這孩子的心中所流出來的愛更使人感動。

另一個能教導孩子饒恕的方法就是，當你錯待孩子時要請他原諒。雖然你應該偶而這樣做，卻不可常常如此。否則你就是過度地傷害孩子，而且又沒有從自己的錯誤中學到功課。

有效地管理孩子的行為

身爲父母的我們要對孩子的太多事情負責，常常多到使我們招架不住。但是，我們可以學一些方法來幫助孩子避免不良行爲及隨之而來的懲罰。下面有五種有效的方法可以管理孩子的行爲。其中兩個正面，兩個負面，一個是中性的。當你讀這段時，請同時想想自己以前管理孩子行爲的方法。你或許想改變原來的作法，或是把這些方法加入你原有的方法中。

1.請求

請求是一個很重要且正面的管理行爲之方法，它對父母和孩子都是益處良多。在孩子的方面，請求令人感到愉悅，且能紓解父母用命令所激起的怒氣。對父母而言，當他們使用請求時，要保持愉快的心情就容易多了，因此也就能常保「愉快且穩定」的態度。

當你請求時，你傳達給孩子三個非語言的信息。

第一個信息是你尊重他的感覺。你等於在說：「我尊重你是有感情的人，特別是你對這件事情的感覺。」

第二個信息是你了解他有腦筋並有自己的主見：「我尊重你對這事持有意見。」

第三個信息是三個當中最好的。請求等於是告訴孩子，你希望他對自己行爲負責。這種負責任的態度在今日太缺乏了。當你給他這種機會，孩子就能學習成爲一個負責任的人。你藉著請求，就是引導和鼓勵孩子負責任。

以這種管教方式養大的孩子會覺得在性格的形成上，自己跟父母是合作的同伴。這種養育孩子的方法不是縱容，也不是要父母放棄權威或尊嚴。事實上，這樣做會使孩子對父母有更大的敬意，因爲他會覺得父母不只是告訴他做什麼，而是非常關心什麼才是對他最好的。

2. 命令

命令有時候是必須且適當的。如果你能選擇，請求是最優越的方式；但是當請求失效的時候，命令則是必要的措施。這時你不得不強烈一點。命令是管理的一種負面方法，因爲需要比較粗劣的聲調，在句子結束時，要用一種下沉變調的聲音。這種組合幾乎都會引起孩子的惱怒、生氣和怨恨，尤其是用得太頻繁時更是如此。而且，隨著命令而產生的非語言信息，通常也都是負面的。因爲你直接告訴孩子該做什麼，他並沒有選擇的餘地和反饋或討論的機會。你等於表示孩子的感覺和意見對你並不重要。最糟的一點是，你一肩挑起了所有的責任，並且本質上你是在說：「你對這件事的感覺和意見一點也不重要。我不期待你對自己的行爲負責。我只期待你去做我告訴你的事情。」

你越用帶有權威的方法，諸如命令、責罵、嘮叨，或尖叫，效果就越差。

但如果你在正常的情形下都用愉快的請求，偶然用一些命令，通常會有立竿見影之效。

身爲父母，你只有這些權柄，如果把它浪費在負面的事上，遇到難關的時候，你的權威就不夠用了。保持愉快且穩定的態度，不但能保留你的權柄，而且也能增強你的權威，因爲這樣，你不但能贏得孩子的尊重與愛，也能得到他們的感激。

孩子是很偉大的觀察家。他們會觀察、聆聽別人的父母如何用不悅、權威和生氣的方式對待孩子。如果你用愉快且穩定的態度對待他們，你無法想像他們對你有多麼感激，而且多麼感謝有你做爲他們的父母！

3.溫和的身體操縱

溫和的身體操縱可以和善地把孩子推向適當的方向。這是管理孩子行爲的第二個正面的方法。對於時常做些未必錯誤但不討你喜歡之事的小孩，這招特別管用。舉例來說，二歲孩子的反抗癖常會被與挑戰混淆。丹尼口說：「不」，但卻又會照著你的要求去做。有時候，丹尼說了之後稍作延遲，然後才會對你的要求作出回應。這在你看來似乎有點違抗，其實卻不是如此。二歲孩子的反抗癖是一個正常的發展階段，它是孩子在心理上跟父母脫離的一種方式。

這個說不的單純能力很重要。如果因此而處罰小孩子，你不但傷害了他而且也直接干擾到他的正常發展。請小心別把拒絕與違抗攪混，它們完全是兩回事。

假設你要三歲的女兒到你面前。你開始請求：「寶貝，到我這裏來好嗎？」孩子回答：「不要。」你改成命令：「現在到我這裏來！」她又回答：「不要。」此時你眞會有處罰她的衝動，但千萬要忍耐，與其冒著傷害孩子的危險，何不溫柔地引導她到你要她去的地方？如果她仍然抗拒，那麼你就知道這可能眞是反抗了，你再採取適當的步驟。但是，大多數的情形是你會發現這孩子並不是反抗，只是嘴裏說不而已，你一點兒也沒有損傷。

孩子通常在二歲時開始凡事說不，但你幾乎能在每一個年齡層看到這種案例。當你不確定要如何處理某個情況時，何不試試溫和的身體操縱，尤其當一個小孩子在公共場所惡作劇時，這點特別有效。父母可以簡單地推他一下，而不是跟著他發飆。

4. 懲罰

懲罰是管理孩子行爲的第四種方式。它是最負面也是最難的管理方法。

首先，懲罰要與所犯的錯相稱，因爲孩子對公平的意識很強，懲罰太寬大或太嚴厲時，他們都會知道。而父母對每個孩子不一致的態度，也都無法逃過他們明察秋毫的眼睛。

第二，某種懲罰或許不適於某個特定的孩子。舉例來說，叫孩子回房去禁閉，可能使一個孩子覺得痛苦不堪，但對另一個孩子來說，卻像是一場遊戲。

第三，懲罰常會時重時輕，因爲父母懲罰孩子時，常常視當時的心情而定。當他們凡事順利而心情又很好時，通常比較寬大；在諸事不順且心情不好時，所給的懲罰就比較嚴厲。

儘管決定何時及如何處罰是頗困難的，你仍然必須使用它且使用得恰到好處。你可以藉助於事先的計劃，以免落入「懲罰的陷阱」中。這表示你要跟配偶或好朋友坐下來討論各種犯錯的適當懲罰方式。這樣，當孩子做了惹怒你的事時，這種計劃才能制止你的怒氣。

當孩子行爲不端，而你很快地自問過前面所提的問題，所得的答案都是否定時（包括兩歲孩子千篇一律的「不」），你應該再問一個問題：「這孩子是在反抗嗎？」違抗是公然抵擋和挑戰父母權威的行爲。

當然，違抗絕不可被縱容，而且這種行爲一定要被矯正過來。但孩子的違抗並不是機械般地意味著懲罰勢在必行，你要避免懲罰的陷阱。如果一個請求能瓦解反抗（而這也是常見的事），那就好極了！如果溫和的身體操縱或命令是適當的，也很好！如果懲罰不得不做，就得小心執行。若要進一步了解懲罰，請讀羅斯·甘伯《在危險中的孩子》（Kids in Danger）一書。

最後，千萬別用懲罰作爲管教孩子和青少年的主要方法。否則將會惹動許多不必要的怒氣，也會迫使孩子過度地壓抑怒氣；孩子甚至會發展出消極的挑釁態度和行爲，並迂迴地向你報仇（我們會在第十章討論消極的挑釁行爲）。

5.行為矯正

行爲矯正也能管理孩子的行爲。它利用正向強化法（把一個正面的誘因放在孩子的環境中）、負向強化法（從孩子的環境中抽離一個正面的誘因）和懲罰（把一個負面的誘因放在孩子的環境中）。正向強化的例子如：給孩子一顆糖或一個水果以獎賞他的好行爲。負向強化則是，因爲孩子的不良行爲故不准他看電視。而懲罰（有時叫做令人嫌厭的技術）的例子便是叫孩子回房去禁閉。

行爲矯正有時會有點用處，特別是對於孩子了無悔意且特定、習以爲常的行爲。但我們相信應該少用爲妙。如果父母過度使用行爲矯正，孩子不會覺得被愛。第一個原因是行爲矯正的基礎本身就是有條件的——孩子只有在表現出一種特定的行爲時，才會得到一個獎賞。第二，行爲矯正無法處理孩子的感情或情緒的需要，因此無法傳達無條件的愛。如果父母以矯正爲管理孩子行爲的主要方法，會使孩子產生一種扭曲的價值系統，做事的主要目的都在於得到報償，隨著會產生凡事都以「這對我有什麼好處？」爲衡量的傾向。

行爲矯正的另一個問題是，用得太多會教導孩子反過來使用相同的方法對待父母。他們會做到父母所要求的事情，只爲了得到他們所要的東西。這就導致操縱。

因為這個方法有這麼多該謹慎的地方，你或許會驚訝我們為什麼還建議它。再說一次，它有助於解決叛逆性很強的孩子特定且重覆發生的行為問題。然而，使用報酬系統，需要時間、一致、努力和堅持。

用孩子的主要愛語來環繞懲罰

因為在愛裏管教最有效，因此在懲罰的前後，給孩子有意的愛是一種明智的作法。我們已經知道傳達愛的最有效方法是使用孩子的主要愛語，因此即使在矯正或處罰孩子時，也別忘了表達它。

拉瑞是一位電子工程師，他天性很嚴厲。在開始為人父親初期，他往往會用很嚴格又務實的管教方法。在學了五種愛之語以後，他確定兒子的主要愛語是身體的接觸。他告訴過我們他如何應用這種愛的語言來環繞管教。「克文在後院打棒球時，打破了鄰居的窗戶。他知道在那裏打棒球是違規的——公園是打球的地方且就只在一個街區之外。在很多時候，我們都談到在後院打球的危險。當鄰居看見克文擊出打破窗子的球時，他打電話給我太太告知我們此事。」

「回家後，我冷靜地走進克文的房間，他正在打電腦。我走近他，開始按摩他的肩部。大約過了一分鐘，他轉過頭來注視著我。『站起來，』我說：『我要抱你一下。』然後我雙手環抱著他，說：『我不得不做一件很難的事，然而我要你知道，我非常愛你。』」

「我抱住他好一會兒，體會跟他親近的感覺。然後鬆開手，我說：『媽咪今天打電話告訴我，史考特先生家的窗戶遭到了橫禍。我知道這是個意外事件，但你應該很清楚不准在後院打棒球的規矩。所以，我要因爲你破壞了規矩而管教你。這麼做雖然會使我傷心，但這是爲了你好。從今天開始二個禮拜不准你打棒球，並且要用你的錢去修理史考特家的窗戶。我們要先打電話給窗戶公司以便知道需要花多少錢。』」

「然後，我再次的擁抱克文。我知道他感覺得到，我的眼淚從他的頸部滾落而下。我說：『兒子，我愛你。』他也說：『爹地，我也愛你。』當我離開房間時，知道自己這麼做是正確的，在管教孩子的前後，向他保證我愛他，感覺上總是好多了。因爲知道身體的接觸是他的主要愛語，我覺得這次的管教被他誠心地接受了。我記得以前，常在怒中管教他，不但說粗暴和苦毒的話，有時甚至還在狂怒中打他。感謝神，我現在知道一個更好的方法了。」

如果克文的主要愛語是肯定的言詞，拉瑞跟他談話時，或許會這樣說：「克文，我需要跟你談幾分鐘，我要你知道我多麼愛你，並且欣賞你在學校那麼用功。我知道你回到家裏想要輕鬆一下，而且你喜歡打棒球。我也非常喜歡你一向都遵守家規，所以我很少管教你。我現在要和你談一個單獨的事件，很感謝的是，那並不是你的行爲象徵。」

「你可能知道，今天下午史考特先生打電話跟你媽媽說，他看見你擊出的棒球打破他家窗戶。雖然這是個意外事件，但你應知道在後院打球的規矩。雖然我很爲難，但因爲你不守規矩，我不得不管教你。從現在起，你不能打棒球兩週，而且，你必須用自己的錢修理史考特家的窗戶。我會打電話找窗戶公司來估價。」

「你知道我不是對你生氣嗎？我知道你不是故意打破窗戶，而且你起初在後院打球時也沒有想到會這樣。我非常愛你且常以你爲榮，我知道你會從這個經驗中學到一個很好的功課。」他們的談話或許會用一個擁抱結束，但是在管教前後，都用肯定的言詞來表達愛。

用孩子的主要愛之語並不代表你不能也使用其它愛之語。但用主要的愛之語確實是你在管教前後所能給孩子最有效的愛的方式。因爲你知道要對孩子表達愛，所以你可能會比較小心地選擇管教的方法和執行的方式。

尊重孩子的愛之語

了解孩子的主要愛之語，能幫助你選擇最佳的管教方式。在大多數的情況下，不要用與孩子的主要愛語有直接關聯的方式管教。尊重孩子的主要愛之語，不要選它作爲管教的方式，因爲這種方式不會達到預期的效果，並且可能會產生極大的感情創傷，在那種情況下，孩子所接受到的信息，不是愛的矯正，而是一個痛苦的拒絕。

舉例來說，如果孩子的主要愛語是肯定的言詞，而你卻用譴責的話作爲管教的方式，那麼你話中所傳達的信息，不僅是你不喜歡某種特定行爲，也不愛孩子。批評的話對任何孩子都是痛苦的，而對這類孩子而言，簡直是感情的摧毀。因此，十六歲的班恩告訴我們，父親不愛他。他舉例父親的管教，包括高亢的聲音和銳利如刀的話，他說：「如果我做了爹地認爲不對的事情，他會吼叫好幾個小時。我記得那一天，他告訴我說，他不敢肯定我是他的兒子，因爲他不能相信自己的兒子會做出這麼可怕的事。我眞的不知道，我是不是他的兒子，但我知道他不愛我。」

當班恩談得更深入的時候，很明顯地他的主要愛語就是肯定的言詞。當他父親用話傳達對班恩的行爲不高興時，更徹底地破壞班恩被愛的感覺。

請小心！如果女兒的主要愛語是精心的時刻，你不要用隔離來管教她，例如：每次她行爲不端時，便叫她回房去禁閉。如果，孩子的主要愛語是身體的接觸，則不要以停止擁抱作爲管教。我們記得一個十歲的孩子艾立克，他的主要愛語是身體的接觸。他常常走到媽媽後面，用手環抱或按摩她的肩膀，母親也很會用身體來表露感情，並且常用身體的接觸向艾立克表達愛。而艾立克的父親出身於一個以打罵爲正常教養方式的家庭，以致於當艾立克不聽話時，父親就以打罵爲主要管教方法。

這些責打並不是虐待，因爲不曾打破皮或使艾立克留下傷痕。然而，每次

第8章
管教與愛的語言
Discipline and The Love Languages

艾立克挨打時，他會連哭三個小時。父親沒有意會到他將艾立克的主要愛語——身體的接觸，作爲負面的用途。因此艾立克不但覺得被處罰，也覺得不被愛。責打以後，父親從來不擁抱他，因爲這似乎跟他的管教哲學不一致。

艾立克的父親由衷努力地管教兒子，但是他不知道這麼做使他與艾立克之間產生的感情鴻溝有多大。身爲父母的我們要常常提醒自己，管教的目的在於矯正錯誤的行爲，並幫助孩子建立自律。如果，我們在改正孩子壞習慣的過程中不用愛之語的觀念，可能會破壞孩子被愛的感覺。了解你孩子的主要愛語，能使管教更有效用。

第 9 章

學習與愛的語言

Learning and the Love Languages

第9章
學習與愛的語言
Learning and the Love Languages

父母是小孩子的第一個和最重要的老師。現代的研究都同意激發兒童基本學習能力的最佳時間是六歲以前。哈佛學前專案（Harvard Preschool Project）創始人兼執行長勃頓．懷特博士（Dr. Burton White）說：「如果一個人要發揮全部的潛能，在他出生後的前三年，必須擁有第一流的教育。」（註1）並且，有些社會學家和教育家，相信年紀這麼小的兒童若得到激發，可以促進學習能力，因此他們幫助弱勢和未成年孩子建立兒童學前方案。這個教學方案提供許多的激發，足以補償兒童在家庭與社區中所受到的環境限制。

我們身爲父母的人是主要的老師，並且我們有一個主要的教學工具是管教，用愛心執行的適當管教也能刺激學習能力。在第八章，我們考慮過用管教來引導孩子成熟，現在則讓我們考慮正統管教觀念的另一半：教導孩子。眞正的管教能幫助孩子發展一生受用不盡的心智和社交技巧。

近年來，對於幼兒早期學習之重要性的認識日漸增加，同時也強調父母在孩子心智發展上扮演重要的角色。這不是說父母必須對幼兒正式授課，而是應該設法了解孩子想要學習、探索的內在慾望，並且滿足幼兒腦部發展亟需的知覺刺激和快樂的學習經驗。

很多父母觀察到孩子的主要活動是遊戲，因此認爲學習的時機可以延到小學一年級才開始。但幼兒喜歡學習。他們天生有一個想要學習的內在飢渴——除非大人干擾、打擊、洗腦或潑冷水，否則它會歷久彌堅。仔細觀察嬰孩與學走路的幼兒會發現，兒童的大部份活動不只是孩子氣的遊戲；相反地，不管這些小傢伙是在翻身、學爬、學站、學走路，或者觸摸、感覺與經驗周遭的世界，他們都是在學習一種新技巧。

一旦幼兒學會說話，他們的腦袋裏就充滿一大堆問題，一個三、四歲的孩子每天能問好幾打的問題。當他們成長到模倣的階段並想裝成大人時，他們就很少模倣仍在遊戲中的大孩子，反而會模倣在工作中的成人：洗碗、開車、當醫生或護士、照顧嬰兒、作飯等等。你只要觀察孩子的活動一天，且問：「使他最快樂的是什麼？什麼能抓住他的注意力最久？」你可能會發現答案就是他正在學習的活動。

在家學習

理想上，孩子的早期心智發展應該在家裏。孩子透過五種知覺發現生命，一個富於視覺、聽覺、觸覺、味覺和嗅覺刺激的家庭環境，能滿足孩子發現與學習的天生慾望。兒童的語言發展大大地仰賴他們幼年受到成人的口語刺激。因此，跟幼兒說話並鼓勵他們說話符合幼兒天生的學習慾望。此外，爲他們的努力說話加油，並且改正他們的錯誤，也是這個過程的一部份。在這種豐富的語文環境中，他們的詞彙會增加，而遣詞用字的能力也會發展。後來他們會學到利用這些技巧來表達感情、思想和欲望。

適合言詞發展的環境，也適合所有心智領域的發展。如果家庭不能提供這種基本的心智刺激，孩子日後的學習可能會有障礙，而且可預見的是他教育性的發展也不樂觀。並且，對於缺乏學習刺激的家庭環境，學校教學只能提供一小部份的彌補。

一個令人愉快的環境和態度，能幫助孩子在家學習。孩子比較情緒化，而不是有極高認知力的，他們比較容易記住感覺而不是事實。這意謂孩子記住一種情況的感受，遠比記住這個事件的細節容易。例如：孩子聽了故事，忘掉它的教訓很久之後，仍然能夠很精確地記住自己的感覺。

你的女兒或許會忘掉瑣事，但是能夠記得老師。所以，你在教導中要用尊重、仁慈和關心的態度對待她。這亦表示你要使她對自己有信心，並保證絕不批評或侮辱她。當教學情況沉悶或低落時，孩子可能連最好的教導也會拒絕，尤其對於道德與倫理的教導更是排拒。所以當你尊重孩子，孩子也會尊重你以及你的觀點。

從嬰兒期開始，直到所有正規學習的年間，孩子學習的關鍵就是你。學習是一種複雜的技藝，會受到很多因素的影響，其中最有力的一項就是你完全的投入。

幫助孩子的情緒成長

關於孩子的學習能力，最重要的事實就是：任何年齡層的孩子，若想能好好學習，他的情緒必須達到那個年齡層該有的成熟度。當孩子漸長時，他的學習能力也因著許多因素而增加，其中最重要的因素是情緒的成熟度。孩子的情緒越成熟，他的學習能力就越好。而對於孩子情緒的成長，父母的影響力最大。

這並不是說，所有的學習問題都是父母的錯，因爲還有很多因素會影響孩子的學習能力。無論如何，情緒的發展會使孩子的學習準備和過程大不相同，而這就是父母最能幫助的地方。我們能藉著不斷地充滿孩子的情緒箱子，而啓動孩子的學習機制。

當你不斷地表達五種愛的語言：身體的接觸、肯定的言詞、精心的時刻、接受禮物和服務的行動，你就是在給孩子很多心智的刺激。孩子剛出生的前幾年，你可能還無法知道孩子的主要愛語；但你若能適當地給他所有的五種愛之語，你不僅滿足了孩子的情緒需要，也提供了他所需的身體和智力刺激，這是他發展明顯的興趣所必須的。雖然你的重點在於愛，但你也等於在教導與訓練孩子。

父母若不肯花時間表達這五種愛語，只單單滿足孩子食物、衣著、住處和安全的需要，等於只給孩子一個對心智和社交發展沒有激發性的環境。因此孩子的身體固然成長了，但心智和社交發展卻受到阻礙。一個渴望被父母關愛及接受的孩子，不管在幼年或在學階段，都很少有接受學習挑戰的動機。溫暖而充滿愛的親子關係是孩子自尊心的主要基礎，而且常常是學習的動力。

大多數父母都不了解孩子會在情緒上失利。然而，孩子絕對可能落後到無法趕上的程度。這眞是一個悲劇！孩子的情緒成熟度會影響到他的每一方面——自尊心、安全感、處理壓力和變化的能力、社交能力，以及學習能力。

可能沒有比父母分居或離婚，更能清楚地顯示出愛與學習之間的關係。這個創傷打破了孩子的情緒箱子，也會使他的學習興趣枯竭。孩子感受到的不是愛，而是困惑和恐懼，這兩者都不是學習的好伙伴。父母離婚的孩子，通常會有好幾個月對課程的興趣降低，直到他的世界可以恢復安全感和愛的確據。悲哀的是，有些孩子永遠無法完全復原。

身爲父母者對孩子的一生影響最大。如果你是一個單親父母，藉著表達孩子的愛之語，可以幫助孩子恢復安全感（一個肯合作的前夫或前妻也會有幫助）。請記得，父母以及其他一些重要的大人能使孩子的愛箱充滿，並讓他長大成熟到該有的樣子。這個滿溢的愛箱也將使他即時達到隨之而來的情緒水準，好讓他準備下一個階段的學習。

投入與不投入的父母

根據美國聯邦教育部長理查．萊禮的說法：「父母是改善美國教育所缺少的環節。」（註2）事實是如此，一九九六年有一項測量閱讀理解力的研究顯示，父母積極參與學校活動的孩子之成績，比別的學生高了很多。然而，對美國來說，這個測驗的整體結果不是很樂觀。「在工業化的世界中，我們的高中畢業生落在智力最低的一群中。」而且「這不是能力的問題，而是態度與努力的問題。」勞倫斯．史坦柏格（Laurence Steinberg）在《在教室之外：學校改革爲什麼失敗和父母需要做什麼》（註3）一書中如此報導。天普大學（Temple University）的心理學教授史坦柏格相信這是一個教育的抗議，不但同時針對孩子和大人兩方面來談，也是一種對抗權威的背叛。

●有限度的投入

在史坦柏格的研究中，被調查的學生人數超過二萬，揭發了一連串驚人的事實。三分之二的高中生沒有每天跟父母說話。而一半以上的學生帶著丙等甚至更差的成績單回家，父母卻仍然能夠無動於衷。三分之一的學生說，父母「一點也不知道」他們在學校做什麼。另外三分之一承認，他們花在學校的時間就是「混日子」。

另一個使人沮喪的發現來自第一次全國性調查，同時詢問父母與青少年對毒品的態度。這項一九九六年的調查發現，三分之二在嬰兒潮出生，且在青少年期嘗過大麻的父母，預料自己的子女會做同樣的事情；並且認為自己可能對子女的影響力太小而無法遏阻子女這麼做（註4）。哥倫比亞大學「致癮與濫用毒品研究中心」的約瑟夫．加利法努（Joseph Califano）回應這些父母的態度，他說：「這些嬰兒潮出生的人，顯露出如此矛盾的感情，並且任憑孩子使用毒品，實在令人不安。他們應該是很『憤怒的』一群人；但是，他們反而說自己無可奈何。」（註5）

幾乎有半數受調查的父母說，他們預料孩子會嘗試非法毒品。我們不得不納悶，這些父母是否不知道毒品會減低孩子的學習能力。他們這樣做會延誤孩子的成熟過程，包括減低或緩慢情緒、智能和社交能力的發展。很多因爲父母的漠不關心，使十幾歲的青少年濫用毒品的情形節節升高。根據美國聯邦衛生署的報告（註6），在一九九二到一九九五年間，又增加了百分之七十八。認爲自己無可奈何的父母，應該瞭解自己對孩子一生的重大影響力。

這些反權威的態度和行爲有兩個原因：情緒愛箱的枯竭與缺乏成熟處理怒氣的訓練。這些都會自然地干擾到孩子的學習能力。但影響學習最麻煩的行爲則是消極的挑釁行爲。這是孩子一種不知不覺的決定，會做出與別人對他的期待完全相反的事情，這使孩子潛意識地故意在學校表現得奇差無比。

身爲父母的我們，必須使孩子的愛箱滿溢，也要教他們如何處理怒氣。當我們給予孩子所需要的愛與訓練之後，我們就理所當然的能期待他們表現得良好。許多研究指出父母的投入，不但可以改進孩子的學習能力，也影響他在學校及生命中其他領域的表現。

●父親的投入

父親在孩子的發展上所扮演的角色備受矚目。有一項長達十一年的研究顯示，父親的投入愈多，孩子不良的行爲愈少，而受教育的程度也比較高。雖然孩子不良的行爲會受譴責，但在父子的關係上，違規的人通常是父親。有項針對五百八十四個家庭所做的研究，從孩子七歲至十一歲之間開始，結束於他們十八歲至廿二歲之間，北卡羅來納大學社會學家凱撒琳．哈里斯（Kathleen M. Harris）的研究發現，孩子跟父親在一起的時間越長，孩子完成教育也越高。並且，孩子與父親的感情聯繫越強，孩子出軌的可能性也就越少。（註7）

父母希望滿足孩子所需要的愛，就必須花足夠的時間使用五種愛之語充滿孩子的愛箱。孩子在每一方面的學習與成功所需的能力，關鍵就是你。並且你比外人有更大的優勢——你認識並且了解自己的孩子，你也有可以滿足他們需要的家庭環境。

幫助焦慮的孩子

情緒良好的孩子擁有所需的注意力、動機和精力，以便將能力發揮到最大。相反地，如果他被焦慮、憂鬱或不被愛的感覺所苦，可能會有無法專心、注意力短暫，和精力衰竭等問題，他也比較無法集中心思在手邊的工作上。學習變得索然無味；他往往心不在焉，只被自己的情緒佔據，而且學習能力也受到損害。

如果這種焦慮一直持續著，當孩子進入新的學習階段時，症狀會變得更明顯，尤其是面對內容大幅改變或難度增加的課程時。從三年級升到四年級的小學生，往往會出現這種學習焦慮症。這個階級通常包括課程內容與教學方法的改變。主要的不同點在於從具體的思考與學習進入包含抽象的思考與學習中。具體性的學習與明顯的事實有關，例如：巴的摩爾在馬里蘭州。抽象思考則是象徵性的，例如：字和詞代表的想法與概念。從具體思考走到抽象思考是跨了很大的一步，並不是所有學生都能一點就通。

若孩子無法輕鬆地躍過這關，就會在很多方面飽受挫折。例如：他無法全然了解課程的內容，便意識到自己落後了，這會打擊到他的自尊心，使他覺得自己不如同儕。除非很快地被糾正過來，否則這個孩子會產生沮喪、更焦慮，並且開始覺得自己一敗塗地。因爲升上四年級，在學習生涯上是一個關鍵的過渡階段，值得父母特別注意。

在這種或其他的危機中，使孩子與別人不同的是情緒的成熟度。我們所謂的成熟，意思是：管理焦慮、承受壓力，以及在改變時維持平衡的能力。孩子越能做到這幾點，他們就越能學得好。而幫助孩子達到他們年紀該有的情緒成熟度和良好的動機水準，最好的方法就是使他們的愛箱充滿。

孩子焦慮的一個跡象是目光飄忽不定。一個極爲焦慮的孩子無法接近別人，包括大人及同儕。這個情緒恍惚的孩子，連最簡單的溝通也很困難，日常的學習也受到緊張和焦慮的影響。

有些焦慮的學生會受到老師特別關懷的幫助，包括眼神與身體的接觸。當孩子的情緒需要得到滿足時，他們的恐懼與焦慮會降低，而安全感與自信心則會增加，然後，他們又能學習了。當然，這個需要若能在家中因著父母的愛而得到滿足，就好太多了。

激發孩子的動機

父母常問的一個問題是：「我如何才能能激發孩子的動機？」只有在滿足孩子的愛箱，並教他們學會如何管理自己的怒氣之後，才能激發孩子的動機。沒有做到這兩個要素而想知道如何激發孩子幾乎是不可能的（你在下一章將會知道更多關於怒氣與消極的挑釁行爲）。除非讓他先感到被愛與照顧，否則要激發孩子的動機就極爲困難。因爲孩子必須認同父母，才願意跟隨他們的引導。如果孩子的愛箱空乏，他會傾向於消極的挑釁行爲，就是決定要做出與父母期望相反的事情。

激發孩子動機的要點，在於促使他爲自己的行爲負責。一個不肯或不能承擔責任的孩子不能被激發。而一位肯爲自己負責的孩子是容易被激發的。

鼓勵孩子的興趣

你能用兩種方法幫助孩子可以承擔責任（因此被激發）。第一個是耐心觀察什麼能吸引他，也就是說，了解孩子喜愛、欣賞或喜歡做的事情是什麼，然後在這方面鼓勵他。如果看見孩子喜歡學習音樂，就在這點上鼓勵他，但關鍵在於讓孩子採取主動。如果是父母主動說服孩子去上音樂課，後果很少是正面的。

讓孩子負責任

幫助孩子被激發的第二個方法便是切記：你和孩子不能同時爲同一件事情負責。如果你等候，並讓孩子採取主動，那麼他的動機就會被激發起來，因爲你容許他承擔責任。如果你採取主動並說服他做什麼事，就是你在承擔責任，這樣，孩子的動機很少會被激發起來。

讓我們把這個原則應用到家庭作業和成績方面。大多數孩子會遇到做家庭作業有困難的時期。特別是當消極的挑釁行爲出現的時候更是如此。請記得，孩子在十三、四歲的時候，有一些消極的挑釁行爲是正常狀況。

消極的挑釁行爲彷彿直接掐住人的咽喉，換言之，它的目的是做出最困擾父母的事情。大多數家庭最關心的事情就是成績。這表示孩子消極的挑釁行爲，跟父母對家庭作業和成績的重視成正比。父母把學校的功課看得越重要，孩子對它的排拒也就越大。請記住這點：父母對家庭作業承擔的責任越大，孩子願意承擔的就越少。而孩子對家庭作業承擔的責任越少，他所受到的動機激發也就越少。

如果你要孩子能承擔責任並且被高度地激發，你就得明白家庭作業是孩子的責任而不是你的。你怎樣才能做到這點呢？讓孩子知道如果他要求你幫忙，你很樂於協助他做家庭作業。因爲你要孩子爲自己的工作負責，所以即使當他請求幫忙時，你也要避免把工作攬在自己的身上，反而要把工作再歸還給孩子。

例如：讓我們假設孩子碰到一個數學問題，你不應該爲他解開這個問題。相反地，你應該看看數學教科書並把解決這類問題的說明指給他看，然後把書交還給他，讓他負起解決這個問題的責任。最後，這樣能教導他負更多責任。如果你覺得老師沒有充分解釋這個概念，你可以建議孩子第二天去找老師幫助。

當然，有時你必須解釋困惑的地方，或是給孩子一些額外的參考資料。只要你不負起孩子該負的責任就可以了。如果你發現自己太專注在孩子的家庭作業中，就試著將責任慢慢地移交給孩子。你或許會看到孩子暫時成績退步，但負責和自立的程度卻增加，就値回票價了。當你採取這種方法，孩子需要的幫助會隨著時間遞減。然後，你就會有時間跟孩子一同探索興趣相投的課外議題。

讓孩子採取主動並負責任可以幫助他的動機被激發，這在今日似乎仍是個隱藏的秘密。大多數孩子都處於一種由父母或老師採取主動或爲他們的學習負起責任的景況。大人之所以會這樣做，是因爲他們眞的關心孩子，而且誤以爲他們越採取主動並負起越多責任，他們爲孩子所做的就越多。然而，這是一個嚴重的錯誤。

使用孩子的愛之語

當孩子在你的愛中獲得安全感時，他們在校的學習動機和成功就會達到最高。如果你了解你孩子的主要愛之語，你可以在他們早上上學時和下午回家時，表達他們的主要愛之語，藉以增強他們每天的體驗。上、下學的時間是學齡孩子的兩個重要時間：在他們離開和回家時，父母充滿感情的接觸，會帶給他們安全感和勇氣來面對一天的挑戰。

賴安是九歲的孩子，她的母親學會五種愛之語後，便在日常的例行事上做了一些改變。後來她告訴我們：「我簡直不能相信它對賴安所造成的影響。即便我後來聽了這種愛之語的觀念，並發現賴安的愛之語是服務的行動，我也沒料到應用這個觀念對她在學校有這麼大的幫助。但因爲當時有位朋友提到，她在女兒上學之前以及下午回家時，都表達女兒的愛之語。我決定試一試，而結果可說是立竿見影。

「在我們家裏，早上的時間總是非常緊張忙碌的，我丈夫七點離開家門，賴安的校車七點半到家門口，而我在七點五十分要出門去做我的兼職工作。我們都各自做自己的事情，彼此之間唯一有意義的接觸就是，離開家門時互說再見。」

媽媽知道賴安重視服務的行動，便問女兒：「如果我能在早上爲妳做一件事使妳的生活比較自在和愉快，這會是一件什麼事呢？」

「媽咪，妳能替我做的最棒的事是爲我準備早餐。早上時間太匆忙了，我沒時間拿碗、湯匙、穀類、牛奶和香蕉。如果你能先把這些東西放在桌上，使我可以坐下來就吃，那就太棒了！」母親對這個要求很驚訝，但還是同意了，第二天早上，早餐就在桌上等著賴安。

「我幾乎立刻查覺她在早上的態度與以前大不相同。她幾乎每天都會說謝謝妳。而且，當她出發去學校時，心情似乎好多了。」

「三天後，當她下午回家時，我開始做一個服務的行動。第一天，我做了一些餅乾。當她走進屋子，丟下書包時，我說：『賴安，我幫妳做了一些餅乾，要不要吃一點讓自己輕鬆一下？』然後，我替她倒了一杯牛奶，就坐下來與她聊聊一天的情形。第二天下午，我縫好了裙子，這是一週前她請求我做的。當她進來時，我說：『寶貝，今天我把妳的裙子縫好了。試穿一下，看看長度是否剛好？』當她試穿時，我告訴她說：『妳穿這件裙子很好看。』她說：『謝了！媽咪，謝謝妳替我縫好這條裙子。』」

「我更敏銳地聆聽賴安的要求，並且把它們一一寫在筆記本上，我明白它們會給我線索，讓我知道如何向女兒表達愛。點心變成我們最愛的服務行動，我們一週相聚數次。」

「這些都在四個月以前開始。我發現最大的不同是，當我們談到學校時，她的評語比以前正面多了。我覺得她愉快多了，並且比以前更有動力。我也覺得我們的關係比以前親近。」

如果賴安的主要愛之語是身體的接觸，那麼，當她每天上校車前，給她一個眞誠的擁抱和親吻；當她回家時打開雙臂歡迎她，也能達到相同的情緒效果。當然，她也會喜歡那些餅乾和牛奶。

當孩子放學回家時，你可能還不在家裏。如果是這樣，可以退而求其次，當你走進家門時，對她表達出一份眞誠的愛。如果你早上和孩子離開時，以及晚上第一次會面的時候，都表達孩子的主要愛語，你就做了當天最有意義的行爲。而且，這可能正好對他們的學習動機有正面的影響力。

附註

1.勃頓・懷特（Burton L. White）《The Origins of Human Competence》（麻薩諸薩州列星頓市：華府健康公司，1979），第卅一頁。

2.珍妮弗・布勞恩（Jennifer Braun）《Parents Make for Kids Who Read Better》，查塔諾加時報（Chattanooga Times），一九九八年六月十八日，A10。

3.勞倫斯・史坦柏格、布列福特・布朗、森福・杜恩布希（Laurence Steinberg、B. Bradford Brown、Sanford M. Dornbusch）《Beyond the Classroom: Why School Reform Hs Failed and What Parents Need to Do（紐約：西門和舒斯特，1996）第一八三至一八四頁。

4.羅倫・尼爾葛得（Lauran Neergaard）《Teens Expected to Try Drugs》，查塔諾加時報，一九九六年九月十日，A1。

5.同上。

6.提姆・傳連德（Tim Friend）《Teens Use of Drugs Rises 78%》，今日美國（USA Today），一九九六年八月廿日，A1。

7.瑪麗蓮・以利絲（Marilyn Elias）《Teens Do Better When Dads Are More Involved》，今日美國，一九九六年八月廿二日，D1。

第 10 章
怒氣與愛
Anger and Love

怒氣與愛！這兩者的關係比我們大多數人所知道的密切很多，我們會對所愛的人生氣。你或許會訝異竟然在這本談論愛的書中找到專門論述怒氣的一章。但事實卻是，我們常會同時覺得憤怒與愛。

怒氣是家庭生活中最麻煩的情緒。它會導致婚姻的衝突，並且在口頭和肢體上虐待孩子。大部份社會問題的禍根就是怒氣的處理不當。當然，你必須了解在我們的生命和教養孩子的事上，怒氣也有一個正面的地位，並非所有憤怒都是有害的。因為，當你要求公義或關心某些人的福祉（包括你的孩子）時，你可能也會有憤怒。怒氣的最高和正確目的在於激勵我們把事情做對並矯正錯誤的事情。因此，憤怒的媽媽們組織了MADD，即「反對酒醉駕駛的母親聯盟」（Mothers Against Drunk Drivers），要遏止在高速公路上橫行無阻的禍害。這個組織肇始於一名婦女用正面的方式紓解她對兒子被醉鬼撞死的怒氣，遊說議員通過一項對酒醉駕駛人更嚴厲的法案。

然而，怒氣通常比較會製造問題而非解決問題。因為是一種情緒，因此怒氣並不全是為了正義的緣故而發作的。它常使人變得毫無理性，以致於我們無法控制它，而是被它控制。在怒火中，我們常常對理性視若無睹，而採用只會使事情變得更糟的破壞手段。而且，我們不一定都能正確地判斷甚麼是對我們與別人最好的，而我們也往往想用自私的方法改正錯誤。

對孩子幸福的一種威脅

怒氣是一種鮮為人知的感情——為什麼我們會感受到它？如何表達它？如何改變處理挫折的方式？除非身為父母的我們知道怒氣是甚麼以及如何用適當的方法處理它，否則我們就無法教導孩子在生氣時應該怎麼辦。何時會生氣？是的，因為我們所有的人——父母和小孩都一樣——每天都會生氣。

或許令你驚訝，孩子一生的主要威脅就是他們自己的怒氣。如果孩子不好好地處理，怒氣會毀了他。怒氣處理不當會關係到現在、將來的每個問題——從成績不好、人緣不佳，到自殺都有可能。所以你必須儘可能地保護孩子，不管是現在或將來。

然而，好消息是——如果孩子學會妥善地處理怒氣，他會享有莫大的終生優勢。不但可以防止大多數的生命問題，也能使怒氣變成他的益處而非不利於他的因素。

成人與怒氣

與上述同樣重要的是，我們這些父母回應孩子的時候，必須學會處理我們自己的怒氣。很少成人善於使用適當的方式來處理怒氣，有一個原因是，大部份的怒氣是在潛意識下不知不覺發作出來的。另一個原因是，很少成人處理怒氣的方法從不成熟過渡到成熟。這特別會影響我們與配偶和孩子間的互動。請看傑克遜家如何處理怒氣。

忙碌了一天後，疲倦的傑夫·傑克遜窩在小房間裏看電視，而疲倦的愛倫在洗碗，兩人都對彼此不是很滿意。兒子朱尼爾過來向媽咪要餅乾，而她的情緒正好不是在肯給人餅乾的時候，她說：「你還沒有吃晚餐，所以不能要其他東西。」朱尼爾覺得自己踢到鐵板了，便走向小房間，發現一個糖果罐。正當他垂涎欲滴的時候，爹地問：「你在做甚麼？你聽到媽媽說了，不能吃糖果！」

朱尼爾掃興地離開小房間，但五分鐘後又回來，手裏運著籃球，說：「我能去鮑比家嗎？」

爹地生氣地回答：「不行，你不能去鮑比家，你還沒作完家庭作業哪！而且，你不要再運球了！」

朱尼爾手趕緊抱著球離開。五分鐘後又回來，這回他運著球走向廚房。「媽咪，我需要一本書來寫家庭作業，但我沒有帶回來。鮑比有一本，我能去他家向他借嗎？」此時，這個籃球擊中了桌子，把一個杯子打到地上。

聽到這個響聲，傑夫好像彈簧一樣從沙發上跳了起來，走進廚房。「我告訴過你，不准運球！」他捉住朱尼爾的手，並把他拉到小房裡，開始打屁股，大叫說：「我告訴過你幾次？你要學學聽我的話。」

愛倫在廚房裏哭。她叫道：「不要打了，不要打了，你會打死他的！」當傑夫住手時，朱尼爾哭著跑回房間去。爹地撲通一聲又坐回沙發上，兩眼像死魚一樣乾瞪著電視。而媽咪則丟下餐具，跑回房裡大哭起來。這個家庭的怒氣沒有建設性的作用。

在這個家庭中，很多情緒都像漩渦般打轉著，每個人都很生氣。媽咪生氣爹地不幫她洗碗，爹地生氣朱尼爾不守打籃球的家規，而朱尼爾是最生氣的人了，因爲爹地的管教遠超過他所犯的過錯，媽咪也因丈夫對朱尼爾動粗而生氣。

但是沒有一件事得到解決，所有的事都變得更糟。朱尼爾怒中所做的以後仍然會重現。即使他表面上順從，表現出一切都很好的樣子，但你可以肯定他的怒氣會在以後的行爲表現出來。

現在，讓我們用一種對怒氣與上述迥然不同的反應來想像這一幕情景。傍晚開始時，愛倫停止洗碗筷，走進小房間，挨近傑夫身邊坐著，對他表達主要愛語好一會兒，然後對他說：「親愛的，我有一個問題。我現在覺得很生氣，但請別擔心，我不是要攻擊你，只是希望你幫我解決這個問題。現在是談這個問題的好時間嗎？或者你要等看完節目再說？」然後她可以回到廚房，或暫時去別的房間看書。

當他們談話的時候，愛倫冷靜地分享她覺得不公平的感覺，因爲傑夫不幫忙清掃，特別是她也整天工作，然後又要作晚飯。她告訴傑夫自己的期待比較多，並且要求丈夫將來學著幫她一點忙。

如果愛倫和傑夫這樣談過，朱尼爾想要一塊餅乾的請求，可能會得到另一種回應。當朱尼爾第二次運球到廚房時，爹地會冷靜地走到廚房，把球拿到自己手上，表達一下朱尼爾的主要愛語，然後向兒子解釋說因爲他的不服從，所以籃球會被鎖在爹地的後車廂兩天。然後，爹地可以再表達朱尼爾的主要愛語一會兒。這樣，這個家庭的氣氛會有多大的不同啊！

自己沒學會管理怒氣的父母，不可能訓練孩子學會這點。然而，這種訓練對孩子的幸福和社會的福祉都是很重要的。如果你從未學會管理怒氣，我們強烈地建議你要在這方面有一些訓諫，好讓你能同時用身教和言教來教導孩子妥善處理怒氣。

品格訓練

孩子學到如何處理怒氣，將會大大地影響到他人格特質的發展，這是他品格上最重要的層面。訓練孩子適當地管理怒氣，他才能發展出健全的品格和強烈的正直感。然而，孩子如果沒有學到用成熟的方式處理怒氣，他的品格就會有不成熟的破口，這些破口存在於他的個人價值系統、倫理和道德上；這種不成熟也會在缺乏正直感上顯露出來。

這些破口會大大地影響到孩子靈性的發展。孩子越不會妥善處理怒氣，他對權威的敵意也就越大，包括對神的權威在內。孩子對怒氣不成熟的處理方法，也是他否定父母神聖的意義之主要原因。

然而，好消息是，如果我們身為父母的可以訓練孩子好好管理怒氣，我們將會看到他們一生成功。請了解怒氣本身是人類正常的反應，它既不好也不壞。問題不在於怒氣，而在於處理怒氣的方式。在一些我們一直無動於衷的事上，如果它能提供活力並激發我們採取行動，就能產生有益的結果。

我們記得吉兒是一個害羞的十四歲孩子，她很害怕與人對質和衝突。她眞的是一個討人喜歡的可人兒，但在歷史課上，她掙扎得痛苦萬分，因為這位歷史老師有輕視所有宗教的習慣，尤其是基督教。他常常取笑吉兒所敬愛的著名基督徒。身為一位基督徒，吉兒起初對老師的敵意很困惑，而後來她甚至開始懷疑自己的信仰。

那時，大約在年中的時候，這位老師刻薄地批評「牧師的孩子」。吉兒有一位朋友也是牧師的女兒，因此吉兒非常生氣。事實上，她可說是火冒三丈了！那天晚上，她打電話給班上一些基督徒，並且擬訂了一個大家都同意參與的計劃。到了下一次，當這位老師開始說話貶抑的時候，這些學生就用很有禮貌的方式起來抗議。他們讓老師知道他的言論使人討厭。這位老師的第一個反應是想取笑這些年輕人，但他很快地發現自己的話顯得十分愚蠢，所以趕快轉換話題。這一年剩下的時間裏，他沒有再發表傷害宗教的言論。吉兒把怒氣處理得很有建設性，不但給老師上了一課，也保護了她個人的自由。

幫助生氣的孩子處理消極的挑釁行為

很不幸地，大多數人處理怒氣的方式，沒有吉兒這麼好。有一種普遍且具有破壞性的處理方法，叫做消極的挑釁行爲。消極的挑釁行爲是一種發怒的方式，它使用間接或「消極」的手段來報復個人或團體。它是一種潛意識的決定，要作出恰好與權威者所想要的事情相反。這些權威者可能是父母、老師、牧師、老闆、警察、法律或社會標準——也就是任何能代表權威的人物或價值系統。當然，對於小孩子和青少年來說，主要的權威人物就是父母。

十五歲的恰克，很聰明且沒有學習方面的問題，應該能夠得到很好的成績。大多數的晚上，他會把書帶回家去做家庭作業。但是他對父母發怒，所以帶回家的成績比該有的能力差很多，使他的父母失望極了。恰克的行爲就是典型的消極挑釁行爲。

認識消極的挑釁行為

父母有好幾種方法可以明白他們所面對的是不是消極的挑釁行爲。正確的識別很重要，因爲還有許多會造成行爲問題的原因。

首先，消極的挑釁行爲出現得難以理解。這點對恰克的個案絕對適用——因爲他的能力很強而且很用功，所以他的成績不好，是令人難以置信的事。

第二，當沒有矯正方法行得通的時候，你就得懷疑該行爲就是消極的挑釁行爲。因爲消極的挑釁行爲之目的就是在於擾亂權威者，所以無論權威者採取甚麼行動，結果一切都依然如故。恰克的父母和老師，所做的一切都無法改進他的成績，他們幫助他做功課，允諾如果他得到好成績時要獎勵他，他們甚至嘗試過懲罰的手段。每一種新方法似乎都能短暫地改善情況，但在長程上卻沒有一件行得通。這就是消極的挑釁行爲很難處理的原因。恰克潛意識裏便決心使所做的努力都歸於枉然，因爲他的潛在目的在於擊敗權威人物。

第三，雖然這種行爲的目的在於擊敗權威人物，但這樣做的人是最終的受害者，他的未來和人際關係都會受到嚴重的影響。

青少年中期的消極挑釁行為

人生只有一段時期，消極的挑釁行爲是正常的：青少年早期，也就是當一個孩子十三到十五歲的時候。且只有在不傷害到他人的時候，才算是正常。孩子學會成熟地處理怒氣並長大脫離消極挑釁行爲的階段，乃是非常重要的事。如果不善加處理，這個行爲會變成個性和人格的一個永久部份，並用來對抗雇主、配偶、孩子和朋友。

當我們這些父母年輕的時候——好像幾世紀以前的人，孩子都這樣說我們——我們表現這種消極挑釁行爲的方法少得可憐。在鄉下的環境中，一個青少年或許可以把布朗農夫的牛牽到牛舍頂上，或者推倒他的倉房。在城市裏，有時候某些孩子會組成一個團隊，把一輛金龜車拆毀，然後帶回寢室重新組裝起來。今日，青少年表現消極挑釁行為的選擇性就多如牛毛了，而且有些是很危險的：毒品、暴力、大麻煙、犯罪、性活動導致的性病和懷孕、退學和自殺。因此青少年經過這個階段時，常常會做出終生遺憾的傷害。

為人父母者，需要能分辨無害與不正常而有害的消極挑釁行為。例如：遍地撒滿衛生紙，對於正處於消極挑釁行為時期的青少年來說，是一種正常的發洩行為。一個亂七八糟的房間，或許很惹人討厭，但仍然無傷大雅。努力的體能活動，有助於青少年滿足尋找刺激與危險的欲望。所以，團體或個人運動，例如：爬山、走繩索、騎長程自行車，也許都能幫助青少年渡過這段時期。

當你嘗試幫助青少年渡過這段難關時，請記得其目的在於訓練他們在十七歲之前學會管理怒氣。除非孩子學會更成熟和可接受的替代行為，否則他們無法離開消極挑釁行為的階段。

因為許多人從來沒有躍過這一關，因此常常可以在成人身上見到消極的挑釁行為。大多數人不認識怒氣或者管理怒氣的方法，且許多父母犯了一個天大的錯誤，就是認為所有怒氣都要不得，必須用管教的方法把它從子女身上除淨。但是這種方法沒有用處，因爲它無法訓練孩子以建設性的方式處理怒氣。因此，孩子會繼續用不對的方式處理，直到成人，正如父母以前一樣。消極的挑釁行爲是大學生退學的主要原因，也是職員跟老闆問題的常見導因；並且當婚姻出問題時，常被用來對抗配偶。因爲消極的挑釁行爲是大多數人的隱藏暗礁，我們身爲父母者，必須訓練孩子和青少年妥善管理怒氣。我們無法用管教的方法把它從孩子身上除去。

及早教導正確的反應

顯然，你不能等孩子到青少年時期，才教他們管理怒氣。雖然，在六、七歲之前，你不能期待他們用任何成熟的方式處理怒氣；但是在他們還小的時候，你就應該開始教導。

怒氣管理是親職教育最困難的一課，因爲孩子受限於他們可以表達怒氣的方式。他們只有兩種選擇：言辭或行爲的表達，而父母對這兩者都很難處理。父母很難理解怒氣必須用某些方式發洩而不能完全被抑制下來。結果，很多父母用錯誤和破壞的方法回應孩子的怒氣。

當你考慮這兩個選擇時，你會承認孩子用言語比用行爲表達怒氣來得好。當孩子說話大發雷霆時，你可以藉機訓練他成熟地管理怒氣。你無論如何都要使他避免採用消極的挑釁行爲。

到孩子六、七歲時，你的主要工作在於防止消極的挑釁行爲在他身上生根。所用的錦囊妙計就是使孩子的愛箱充滿無條件的愛，孩子發怒和行爲不良的主要原因是愛箱空了。經常且清楚地表達孩子的愛語，你就能充滿他的愛箱，並且防止消極的挑釁行爲生根。當愛箱充滿時，孩子就沒有壓力，也無須透過不愉快的行爲來問：「你愛我嗎？」。愛箱耗盡的孩子，被迫用不良的行爲問：「你愛我嗎？」。當然，空乏的愛箱並不是孩子不良行爲或發怒的唯一原因，但卻是最普遍的原因。

接下來，請你明白孩子對父母的怒氣沒有防禦的能力。當你把孩子當作出氣筒時，怒氣就直接進入他的裏面。你如果常常這樣做，這些長久積壓的怒氣會發作成消極的挑釁行爲。冷靜地聽孩子說，好讓他用言辭把怒氣發洩出來。聽孩子的怒言或許令人不愉快，但比讓他用行爲表現出來好得多了。

不幸的是，當孩子用言語發怒時，大多數父母比孩子還生氣，他們會說出類似這樣的話：「你怎麼敢這樣對我說話？我永遠不要再聽到你這樣對我說話。懂嗎？」結果，孩子只有兩個選擇，要不是乖乖地閉口不說，就是索性公然反抗。這是一個多麼為難的困境啊！

幫助孩子爬怒氣階梯

數以千計的父母，藉著在腦中構想孩子的怒氣階梯來幫助自己了解孩子的怒氣（請見下一頁的說明圖）。在你即將與孩子一起努力的幾年裏，你要一直幫助他從一個梯級爬到上面一個梯級；遠離最負面的發怒方式，爬到比較正面的處理方式。這個目標在於把孩子從消極的挑釁行為和言語上的怒罵改變成冷靜，甚至是尋求解決問題的愉快反應。這是一個很長的過程，需要訓練、模範和耐心。孩子從較負面通常會慢慢進步到較不負面的梯級，雖然他的反應仍然是負面的但沒以前那麼明顯。因此，父母無法很快地看到孩子進步。

你會發現消極的挑釁行為位於階梯的底端，它代表完全不管理怒氣。因為這個行爲在青少年時期很常見，你不得不處理這個梯級的某些要點，但你不能讓孩子一直留在這裏。否則，你們等於在走向毀滅之途。

你要提醒自己，孩子一次只能爬一個梯級。如果你要這個程序和訓練一蹴即幾，你會深受挫折。在孩子爬上另一個梯級之前，你或許要等一些時候。這需要耐性和智慧，但結果絕對值得。當孩子發怒時，你要辨識他在怒氣階梯上的位置，你才能知道下一步怎麼辦。（你可以在羅斯所著《在危險中的孩子》一書中，看到有關怒氣階梯的進一步資料。）

在我的家庭裏，我有一個特別不愉快的經驗，當時，我兒子大衛十三歲。當有特別的事件攪擾到他的時候，他會怒罵起來。

有時，他會用我不想聽到的話對我發作，我只好自言自語。我知道讓他發作能使我知道他站在哪一個怒氣階梯上。我心裏對他說：「好極了！大衛，你說得眞好。把這些怒氣都發出來，因爲當它全部發作以後，我就了解你了。」當然，我不會眞的開口跟大衛這麼講。

我要大衛把怒氣發出來的另一個原因是，只要怒氣留在大衛裏面，它就控制了整個家庭。但只要它發出來，他便會覺得這樣很愚蠢，而我就能重新掌控

怒氣階梯

完全正面

1. ▲愉快▲尋找解決方法▲注意怒氣的來源▲針對主要的抱怨▲思考合邏輯
2. ▲愉快▲注意怒氣的來源▲針對主要的抱怨▲思考合邏輯

正負交錯

3. ▲注意怒氣的來源▲針對主要的抱怨▲思考合邏輯．不愉快、很大聲
4. ▲針對主要的抱怨▲思考合邏輯．不愉快、很大聲．把怒氣轉向其他來源
5. ▲注意怒氣的來源▲針對主要的抱怨▲思考合邏輯．不愉快、很大聲．言詞辱罵
6. ▲思考合邏輯．不愉快、很大聲．把怒氣轉向其他來源．表達不相干的抱怨

負面爲主

7. 不愉快、很大聲．把怒氣轉向其他來源．表達不相干的抱怨．做出情緒性的破壞行爲
8. 不愉快、很大聲．把怒氣轉向其他來源．表達不相干的抱怨．言詞辱罵．做出情緒性的破壞行爲
9. 不愉快、很大聲．咒罵．把怒氣轉向其他來源．表達不相干的抱怨．言詞辱罵．做出情緒性的破壞行爲
10. ▲注意怒氣的來源．不愉快、很大聲．咒罵．把怒氣轉向其他來源．亂丟東西．做出情緒性的破壞行爲
11. 不愉快、很大聲．咒罵．把怒氣轉向其他來源．亂丟東西．做出情緒性的破壞行爲

完全負面

12. ▲注意怒氣的來源．不愉快、很大聲．咒罵．破壞東西．言詞辱罵．做出情緒性的破壞行爲
13. 不愉快、很大聲．咒罵．把怒氣轉向其他來源．破壞東西．言詞辱罵．做出情緒性的破壞行爲
14. 不愉快、很大聲．咒罵．把怒氣轉向其他來源．破壞東西．言詞辱罵．動粗．做出情緒性的破壞行爲
15. 消極的挑釁行爲

*注意：▲是表達怒氣的正面方法

*出處：羅斯．甘伯所著《在危險中的孩子》（Kids in Danger）（科羅拉多泉：維克多，1995）第69頁。

這個家。當他把所有怒氣都從口裏發盡之後，他會問自己：「現在，我下一步該做什麼？」這就是我訓練他的最好時機。

讓大衛盡吐心中的不快，另有一個益處：怒氣從口頭上發出越多，就越不會出現謊言、偷竊、性、毒品以及現今這些普遍的消極挑釁行爲。這點對你的孩子也一樣。讓他們把怒氣從口頭上發出，你會了解他們在怒氣階梯上所站的位置，並且你也就能降低潛伏的消極挑釁行爲。

容許怒氣從口頭發作出來

親愛的父母們，這種處理孩子的方式並非很好受。容許孩子大發雷霆，看起來好像有點縱容孩子，但事實上一點也不。請記得，任何年齡的小孩子都很自然地會使用不成熟的方式發怒。你若只惱怒他們且強迫他們停止發洩，並不能訓練孩子用成熟的方式處理怒氣。因爲他們的怒氣如果太受壓抑，就會產生消極的挑釁行爲。

如果，你要訓練孩子使用成熟的方式管理怒氣，你應該容許他們直率地說出來，不管是多麼不愉快。讓他們在言詞上發作，然後你就帶領他們在怒氣階梯上往上爬。請記得，所有怒氣都會從口頭或是行為上發作出來。如果你不准他們口頭發作，那麼消極的挑釁行為勢將隨之而至。

當孩子在怒中說話的時候，並不代表他就是個無禮的人。要決定他是不是一個有禮的人，你要問自己：「這孩子平常對我的權威所抱持的態度是什麼？」超過百分之九十的時間，大多數孩子是很有禮貌的，如果你的孩子也是這樣，而他現在因為一個特殊的情況，在口頭上向你發怒，這應正是你希望發生的事。因為一旦孩子的憤怒宣洩出來之後，你就站在一個絕佳的地位上能夠好好訓練他。

你或許會納悶，要我感謝女兒憤怒的言詞，還要我控制自己，這不是很不公平嗎？我們承認這點很難做到。但是當你這樣做時，你就是在迫使自己成熟，而且也是在拯救自己和家庭脫離未來生命上最大的問題。

但是，如果孩子並沒有受到甚麼特殊事件或人際關係的攪擾，卻常常言語盛怒呢？你或許也很納悶。真的，有些孩子發怒是為了操縱父母和為所欲為，那是不可容忍的事。存著刺激和傷害別人而表達的怒氣，是不正當且應該加以矯正的，要把這些話當作不良行爲處理。但在矯正時，要練習爲人父母的秘訣：愉快而穩定。

或許這點會困惑人，但是，當孩子對一個特殊事件很不舒服時，讓他在口頭上發怒，將能提供你訓練他的機會，這點我們會在下面談到。所以，當孩子怒言相向時，請你務必控制自己。當然，如果孩子沒有明顯的原因，或只是爲了要操縱你而對你發脾氣，這是一件不可被容許的事情，要把它當不良行爲一樣處理。無論如何，即使對無法接受的發洩，也要運用適當的方法管教，而不要把怒氣傾倒在孩子身上。切記要保持愉快而穩定。

一個訓練的時機

請記得，當孩子偶爾並正常地向你發怒時，他也等於帶給自己一個受訓的機會。因此，在你們都冷靜下來且重新建立好的感情之前，不要開始訓練他。然而，也不要等太久，否則你會失去在這事件上產生影響的機會。因此，一旦事情穩定下來，你們就得一起坐下來做三件事情。每一件都能教孩子用正面的方法處理怒氣。

1、讓孩子知道你不是要譴責他。特別是如果孩子對權威很敏感，他會對所做的事有罪惡感。除非你讓他知道，你不是要譴責他，否則他可能永遠不會再表達憤怒。然而，如果他永不再表達感情，你也就沒有機會幫助他爬怒氣階梯。這訓練有一部份是在讓他知道你把他當作一個人看待，你總是願意知道他的感覺，不管是快樂、悲哀或生氣。

2、稱讚他做對的事情。你可以說：「你使我知道你生氣了，這樣很好。你既沒對小弟或小狗發脾氣，也沒有亂丟東西或捶牆壁，只是告訴我，你生氣了。」儘量提他做對的一切事情。無論何時，一個小孩子在口頭上對你發怒，他就做對了一些事情也避免了一些錯誤。

3、幫孩子往上爬一級怒氣階梯。這個目標在於使兒子或女兒採用一個比較積極的怒氣反應。這包括向孩子提出一個請求，而非發出一個禁令。它不是說：「永遠不准再用這個名字叫我！」而是說：「兒子，從現在開始，請不要再叫我這個名字，好不好？」當然，這無法保證他以後絕不再說你請求他別做的事。但這能保證，當他夠成熟的時候，他會做到這一點。這可能是明天、好幾週或好幾個月以後的事了。

這種訓練是既長久又困難的過程。但等你做的次數夠多了，不用你提醒，孩子也會做對。你的訓練加上你用成熟的方式處理怒氣之以身作則的好榜樣，過一段時間後，將能幫助孩子自我訓練。

愛與怒氣

再說一次，訓練孩子管理怒氣最重要的元素是，無條件的愛。當他們知道自己這樣地被愛，當他們眞覺得隨時被愛時，他們就對訓練更有反應。而你也更有可能達到目標，就是在他們十七歲以前，使他們的情感達到成熟的地步。

我們把愛定義爲注重別人的利益並滿足他的需要。就這個定義來說，所有不對的話語和行爲，實際上都是因爲缺乏愛。我們不能同時愛孩子又對他不好。當我們對他很不好，卻強調說我們仍然愛他，就是抹煞「愛」這個字的意義了。一個受到這種待遇的孩子不會覺得被愛，反而會生氣，因爲他覺得自己不被愛。

我們都知道愛生氣的成人，是因爲他們覺得不被父母所愛。他們或許會對怒氣提供合情合理的原因，但這些明確事件的根源在於缺乏愛。他們的結論是：「如果他們愛我，他們就不會這樣對待我。」

我們並不是說因爲父母表達主要與其它愛之語而感受到無條件之愛的孩子，就永遠不會生氣。他們還是會生氣，因爲我們是活在一個不完美的世界裡。我們也不是說爲了解決孩子的怒氣，你必須同意他們的觀點。然而，你必須傾聽他們的觀點並了解他們所關心的事。然後，你才能判斷他們是否被錯待或被誤會了。有時候，你或許有必要向孩子道歉；也有些時候，你或許要向他們解釋你爲他們的益處所做的決定之原因。如果你花時間傾聽和了解他們的抱怨，即使他們不喜歡你的決定，也會尊重它。

處理怒氣且訓練孩子使用成熟的方式面對它，是養育中最困難的一部份。請好好表達孩子的愛之語，使孩子的愛箱充滿，就能看著他成長爲一個懂得愛人又負責任的大人，他不但知道如何處理怒氣，也能幫助別人處理它。

第11章

在單親家庭的愛語

Speaking the Love Languages in Single-Parent Families

第11章
在單親家庭的愛語
Speaking the love Languages in Single-Parent Families

有時候，要充滿孩子的愛箱似乎非常困難：你疲倦了、孩子需索過度，而你覺得自己也需要愛，但至少你還有配偶幫助。然而，你有配偶嗎？在數百萬單親家庭中，答案是沒有。這種情況不是父母兩人適當地充滿孩子的情緒箱子，而是由一個單親獨自承擔。而且，這愛不是源自父母雙方因婚姻關係而湧流出來的愛，而是來自一個受過傷害、形單影隻、壓力重重，且沒有足夠成人教育的母親或父親。

但你仍然能表達你孩子的愛語來充滿他的愛箱。不管孩子與單親或雙親同住，我們所說的關於愛孩子的每一件事情都適用。在單親家庭裏，另有許多需要附加考慮的因素，但是五種愛之語的力量絕不會稍減。我們強調這個主題，是因爲根據一九九四年美國人口調查局的資料顯示大約四分之一（百分之廿七）的十八歲以下的孩子與單親父母同住。因爲這麼多孩子住在單親家庭裏，我們不得不提出這種家庭的一些特殊需要，包括如何向孩子使用愛之語。

每個單親家庭都不完全相同。有些因爲離婚、有些配偶去逝，另外也有些是從未結過婚的父母（註1）所造成的。在離婚的單親家庭中，有些孩子與沒有監護權的父、母持續有積極的接觸，有些則被消極的接觸所苦惱，有些甚至完全失去聯繫。有的單親家庭與親戚住得很近，能受惠於祖父母、伯叔和堂表親戚。其他許多家庭則遠離親戚因而大致上要完全自力更生。

不管你情況爲何，如果你是一位必須獨自撫養孩子的單親父母，我們知道你仍然能夠有效地愛你的家庭，特別是藉著表達你孩子的主要愛語。

家裏的張力與困惑

單親媽媽或爸爸想要滿足孩子的需要，又要同時維持一份職業和一些個人生活的風貌，都會了解家庭前線的緊張氣氛。如果這是你的情形，你也會很清楚時間壓力、經濟需要，以及你和孩子所遭遇的社會與個人變化，你甚至會懷疑自己是否可以勝任養育子女的工作。你聽過許多來自專家的見解，提到有很多陷阱在等著你的孩子。有時候，你會對必須自己一個人處理所有的事感到孤單與疲憊。

我們都知道，在過去的年代裏被單親養大的人，他們通常是因爲父母一方早歿。最近幾十年來，高離婚率大大地改變了這個故事情節。我們必須知道，因爲離婚而喪失其中一位父母的孩子，受到的精神創傷最嚴重，他們受的創傷遠大於父母其中一位死亡的孩子。

當父母其中一位死亡，孩子了解這是一件無從選擇的事情。通常人在死前會有生病期，可以幫助孩子了解死亡。離婚則是出於單方或雙方父母的選擇，即使這種「選擇」看來似乎是不必要的。一位寡居的父母需要處理孩子的記憶，但不需要面對孩子與離開的那一方所具有的或好或壞的關係。離婚的父母一方要花好幾年的時間面對不具有監護權的一方之關係。

很多離婚的父母發現自己與延伸家庭與教會的關係亂七八糟，沒有人知道要怎麼辦。因此，有些人覺得他們有義務表達反對離婚的立場，而且有很多離婚的父母會首先表明他們絕對不建議人離婚。

在現今的社會，恐怕很難指出一件比離婚影響社會本質更大的事了，因爲離婚而節節上升的單親家庭數目，是涉及諸多層面的社會問題。而我們的焦點在於現在該做什麼：如何幫助一個落入無從選擇且無法改變環境的孩子？我們的關心也是針對數百萬單親父母，因爲他們勇敢地工作來維持家庭並養育快樂、負責任的孩子。

這種家庭的孩子，他們的需要與一般完整家庭中的子女一樣。這些需要所遇到的改變是：單親父或母是主要付出關心的人，而不是父母雙方。而且這位付出關愛的人，不管是因為離婚、配偶死亡，或是從未結婚，通常都是受過傷的人。受傷的父母要照料受傷的孩子，同時希望使孩子深信生活能夠過得很正常。而這些孩子不只要面對一般孩子的成長挑戰，還要承擔一連串憂慮的事，這在理想上根本不該屬於他們世界的。

中途之家（The Center for the Family in Transition）的創辦人兼執行長朱蒂斯．華勒斯坦（Judith Wallerstein）對離婚帶給孩子的影響，曾經做過最有深度的報導。在她的著作《第二次機會：男人、女人和孩子，在離婚十年之後》（註2）中，她指出她從很多成人普遍的觀念開始研究：離婚會帶來短期的痛苦，但最終會給相關的每個人帶來更大的幸福和自我實現。華勒斯坦多年的研究發現這項假設是錯的。在很多方面，孩子畢生無法從離婚的痛苦中復原。

華勒斯坦、山卓．布列克斯里（Sandra Blakeslee）與她們的同事所探訪過的大多數孩子都把自己看成是一種特殊族群——「離婚的孩子」，這使他們覺得自己與其他有相同經驗的孩子合為一群。這些孩子最常有的情緒是：恐懼、憤怒和焦慮。甚至父母離婚長達十年之後，這些感情還是經常會浮現出來。

幫孩子處理悲痛

諸如上述的感覺很容易使孩子的情緒箱子枯竭。當你說孩子的主要愛語要充滿他的愛箱時，要了解這是需要很多愛的。否認、發怒，然後交涉和更加憤怒——這些都是孩子對父母離婚或死亡的悲痛很普通的反應。最後，孩子會對失去父親或母親有某些程度的接受。如果在孩子生命中很重要的成人能坦誠地與他們溝通所受的失落，有些孩子可以很快地脫離這個悲痛的階段。他們需要有哭訴的對象。如果家人幫不上忙，那麼一位有同情心的牧師、朋友或輔導員或許能扮演這個角色。

讓我們一一考慮每個反應以及父母與其他成人如何幫助孩子接受事實。在這過程中表達孩子的愛之語，能大大地協助孩子處理悲痛。

否認

否認是第一個典型的反應。沒有孩子願意相信父母要分手，或父母其中有一方要死亡。他會把情況說得好像父母只是單純地分開一季，或死亡的父母只是出外旅行且很快就會回家。在這個階段中，孩子很害怕且會感受到一種很深沉的悲哀與失落。他或許也會常常因爲渴望父母重新結合而哭泣。在離婚的案例裏，他也可能感覺到被拒絕。

發怒

伴隨在否認階段之後的是發怒。這孩子會生氣父母違反爲人父母之不成文法的規定：父母應該照顧子女而非拋棄他們。這種怒氣可能在口頭上公開發洩，也可能埋在孩子的心底，因爲怕困擾父母，或怕生氣的話語和行爲會被父母處罰。一個公然發怒的孩子，可能會有暴怒、辱罵，甚至動粗的行爲。這孩子會有無力感——因爲對發生在他身上的事他沒有說話的權力。她也會有深沉的孤獨感而且覺得無法向任何人訴說。

這孩子的怒氣，或許會針對離去的父（母）、監護的父（母），或兩者同時發作。在父母死亡的案例中，這怒氣也可能衝著神而發。這孩子亟需感到被愛，他需要知道有人眞的關心他，因爲他不可能從離去的父（母）得到關心，也不一定能從監護的（父）母得到有意義的愛。而且，如果孩子相信在他身邊的單親要爲離婚負責，他可能不肯對父母任何一方的愛開放自己。因爲這個原因，祖父母、其他家人、老師與宗教領袖必須對這些情況很敏感才能供應這孩子對於愛的需要。如果他們了解孩子的主要愛之語，則對於滿足這孩子的情緒需要所作的努力就會更有效。

羅比的愛之語是身體的接觸。他父親在他九歲時離開。回顧以前，羅比說：「若不是祖父，我不能確定自己能熬得過來。在爹地離開後，我第一次看到祖父時，他就用手臂抱住我很久。他沒說什麼話，但我知道他愛我，並且當我需要的時候，他都會在。每一次他來看我都會擁抱我，而離開時也都會如此做。我不知道他是否知道他的擁抱對我有多麼重要，它們對我有如沙漠中的甘霖。」

「我的母親幫助我很多，她讓我傾訴，並藉著問題與鼓勵讓我把痛苦講出來。我知道她愛我，但在早期的階段，我不願意接受她的愛。」羅比承認：「她想要抱我時，我會把她推開。我怪她使父親離開。我後來發現父親是因爲另一個女人而離開，我才知道自己誤會媽媽有多深。然後，我開始接受她的擁抱，我們又再度親密起來了。」

交涉

隨著否認與怒氣之後的就是交涉。當父母仳離時，孩子會竭盡所能想要使父母破鏡重圓。這可能包括跟父母單獨談話，或跟他們一起談，請求他們解決紛爭並重修舊好。如果口頭交涉行不通，孩子可能下意識地用不良行爲來操縱父母，以得到父母的注意。他也可能是在測試父母是否關心他的幸福。他的反應可能是吸毒、偷竊、蠻橫、放縱性行爲，甚至自殺。

更加憤怒

在交涉之後將更加憤怒。在父母離婚的孩子心中，怒氣會深入內心且久纏不去。他們在父母離婚後至少有一年之久，可能會在罪惡、怒氣、恐懼和沒有安全感的情緒中掙扎。這些紛至沓來的情感會使他們在校成績變壞、產生更多侵略性的負面社交行爲、對成人不尊重，和強烈的孤獨感。就是在這麼痛苦的情緒環境中，單親父母想要滿足孩子對於愛的需要，同時想要建立一個家庭該有的常態，眞不是一件容易的事。

藉著閱讀與談話來幫助

另一個與失落和悲痛相連的問題是被負面情緒擊垮的孩子無法作清楚的思考。如果你是孩子的單親父母，與他們一起閱讀能幫助他們想清楚失落與悲痛。你需要一些他們能懂的故事書，最好選擇適合你孩子年紀的故事、歌曲和詩歌，直到十餘歲。這將是一個溫暖與凝聚的時間。許多受人喜愛的故事，具有很強的倫理與道德教訓，例如：「木偶奇遇記」和畢特利斯・波特（Beatrix Potter）所寫的故事。市面上有許多幫助你選擇優良文學作品的指南，我們推薦葛列迪斯・漢特（Gladys Hunt）的《孩子心中的寶貝》Honey for a Child's Heart、威廉・基爾帕特立克（William Kilpatrick）的《建立品格的書籍》

Books That Build Character，和威廉・貝內（William Bennett）的《美德書》The Book of Virtues。

當你們一起閱讀時，請注意孩子的反應。詢問他想什麼以打開適合他程度的話匣子。如果你讀到一則遺失的小孩或動物的故事，而孩子表示關切，你便有個很好的機會，可以稱讚他有憐憫的心腸。你也能夠談談迷途或失掉親人的滋味。

這種教導在幫助孩子處理責備和批評上很重要，對他們自己與別人都重要。所有的孩子都愛玩責備的遊戲——「這不公平，是他開始的」是一個常聽到的說法。憤怒會擾亂孩子的思考，他們往往相信只要他們覺得生氣，責罵別人是理所當然的。當他們冷靜下來的時候，你可以向他們解釋事情的另一面，不僅關於另一個孩子，也可以關於你家中所發生的，如此他們才能開始尊重別人的想法。但這並不代表你和孩子必須贊同所有人。特別是當孩子覺得被父母其中一方錯待，他們即認爲是被父母拋棄，他們必須知道那種失落感是自然的，且無需要有甚麼罪惡感。

此外，當你們一起讀故事書的時候，也可以談論孩子日常生活上的點點滴滴，並且可以自己創作故事。這可以幫助你了解孩子在討論時無法表達清楚的心中的想法。

尋求幫助

沒有哪一個父或母能夠獨力地滿足孩子對於愛的所有需要。如同我們在前面說過的，有些孩子或許不肯從父母任何一方接受愛；因為他們的傷害及憤怒是如此大，以致於他們不容許任何接受愛的可能性。這不但是祖父母和其他延伸家庭的成員，也是教會和社區資源能夠伸出援手的地方。

如果你是一個單親父母，可別等到別人來詢問你是否需要幫忙。有些人之所以袖手旁觀，只因不想打擾你的家庭，其他人也可能不知道你的狀況。如果你或孩子需要幫助，你或許想調查在你社區內能得到的資源。你孩子的學校或你的教會，可能會有些人能引導你尋求幫助。

延伸家庭的成員一直是很重要的，尤當孩子受到損虧時，他們更是不可或缺。例如：在孩子上課的週間，住在附近的祖父母在許多方面都可以有所幫助，且他們的出現也能使成爲單親父母的兒子或女兒高興。早上他們能到家中幫助孩子準備上學。如果孩子在上學期間，需要有人到學校接回家，祖父母就幫得上忙，他們也可以在孩子放學後，帶孩子看醫師、運動或上音樂課。

許多人樂意幫助單親家庭，如果他們知道人家需要幫助時。他們需要覺得自己是對別人有幫助的，而你正需要別人幫助。唯一的問題是如何使這雙方碰在一起。地方教會是促成這種配合的好地方，而有些教會就是用這種方式聯結成一個網路。如果你覺得很難啓齒教人知道你的需要，請記得你這樣做的目的不是爲了自己，而是爲了孩子的幸福著想。

單親家庭中的愛語

孩子在感情上對愛的需要，在離婚前後是同樣重要的。不同的是，孩子的愛箱被離婚的嚴重創傷糟蹋了。這個愛箱要用同情的傾聽和我們先前談過的感情處理加以修補。如果這孩子再度地覺得被愛，一定是有些人曾經在他悲痛的過程中扶持過他。這修補愛箱的過程本身就是一個愛的表達。多聽少說能幫助孩子面對現實、承認受傷、轉移痛苦等等，這都是過程的一部份。

當然，重新充滿孩子愛箱的主要方法，就是表達他的主要愛語。請記得，孩子的主要愛語不會單單因爲父母離婚或死亡而改變。因此，你要學會孩子的愛之語，並把孩子的主要愛之語告訴對這孩子很重要的大人。否則，照顧孩子的大人往往會對孩子表達自己所懂的愛語。他們所作的努力固然有幫助，但如果他們懂得孩子的主要愛語，這些幫助就更有果效了。

在離婚後數週內，孩子可能還無法從父母雙方得到愛時，其他的重要大人可能是唯一能向這孩子表達愛的人。如果孩子接受愛的主要方式是肯定的言詞，他可以從祖父母或其他大人得到，也有可能暫時拒絕你的愛。一個主要愛語是接受禮物的孩子，或許會當面把禮物丟還給最近離婚的父母。千萬不要被這個行爲激怒，要知道這個行爲是悲痛過程的一部份。一旦孩子到了接受的階段，知道自己無法使父母破鏡重圓且必須住在單親家庭中，他或許會在感情的層次中接受父母雙方的愛。

如果孩子在特別需要的時候，接受了正合所需的愛，他們就能安然渡過家庭分裂的時期，而進入滿足的成人生活。有個例子是鮑伯・柯布列布希（Bob

Kobrebush），他是國際基督徒露營協會的執行長。鮑伯的父親是一個成功的商人，母親是家庭主婦。當鮑伯還小的時候，父親捨棄商業加入一個異端教派，帶著五個兒子四處搬家。後來他父親患了脊髓灰白質炎，當他完全殘廢時，這個家庭回到老家威斯康辛州，住在接近他們的延伸家庭。當鮑伯九歲時，他的父母離婚。

當時，鮑伯和他的兄弟們受到基督徒的影響，都接受基督爲救主。在沒有任何經濟支援下，他們的母親被迫接受社會救濟，直到她找到足夠的零工，她後來完成學業並成爲一個老師。

今日，鮑伯和他的兄弟們都有幸福的婚姻，也受過很好的教育且事業有成。鮑伯說：「媽咪總是很積極地投入在最重要的事情上。她不談消極的事，彷彿我們是一個正常的家庭，我以前不知道我們的家庭不正常。若不是有一個虔誠的母親和延伸家庭作我們眞實基督徒生活的模範，我眞不知道我們會變成怎樣的人。我感謝神給我的環境和孑然一身的單親母親。」

阿基勃德．哈特（Archibald Hart）是西岸神學院（West Coast Seminary）的心理學教授，他相信自己能在單親家庭中成長茁壯的原因是家庭和神的力量。哈特家庭來自南非，歷經數年的衝突後終於分裂。他的母親在離婚後似乎比較快樂，但因爲經濟壓力迫使她把哈特和他的弟弟送回祖父母家裏住。祖父母是深具影響力的基督徒，他們激發這兩個男孩子說：「沒有哪一件事是你不能做到的。」

哈特勸告單親的父母說：「沒有什麼是不能改變的。如果你現在還沒有支援網路，那麼就建立它吧！你將會對這麼多人給你回應而驚訝不已。如果環境良好，孩子會變得比較愉快、有生產力和創造力。一個太安逸的生活對靈魂沒有益處。」（註3）

你要持守盼望並堅持你對孩子的夢想，儘管現在事情似乎不盡順遂，但還有明天、明年。如果你與孩子一起揮別失落的悲情，然後在各方面都有成長，你會確信這個成長將會持續下去。它會變成一個模式、一種習慣，且不會輕易地被忘記。

滿足你自己對於愛的需要

儘管我們談論的主題是父母離異的孩子，我們仍然深深地意識到要滿足孩子愛的需求的單親父母，也是一個需要愛的人。當孩子在罪惡、恐懼、憤怒和不安的情緒中奮力前進時，單親父母也可能在相同的情緒中掙扎努力。被丈夫遺棄的媽媽或許會對另一個男人有興趣；因爲丈夫動粗而被迫離開的媽媽，可能會在被拒絕與孤獨的感覺中掙扎。一個單親父母的感情需要與任何人一樣，而因爲這個需要不能從前任配偶或孩子得到滿足，單親父母會另交朋友。這是一個使你愛箱充滿的有效方式。

但另交新朋友要注意的是，單親父母在這個時候極易被異性朋友傷害，對方可能利用這個軟弱的時刻佔便宜。因爲單親父母這麼迫切需要愛，可能會冒險接受一個在性、財務或感情上想佔便宜的人之愛情。因此極重要的是，新的單親父母結交新朋友時，要很仔細地挑選。最安全的愛源自那些熟知延伸家庭的朋友。一個單親父母想試著以不負責任的方法滿足愛的需要，可能會從一個悲劇結束，而開始另一個悲劇。

有了孩子，你就有一項很豐富的愛的資源。他們對你的愛深不可測，而且他們需要你的愛。如同心理學家雪莉兒（Sherill）和普魯丹斯・提平斯（Prudence Tippins）所說：「你所能給孩子的最佳禮物，是你自己的情緒、身體、靈性和心智的健康。」（註4）儘管承認事實很令人痛苦，但事實上就是你可能成爲單親父母好幾年。在這段期間中，不管或長或短，你要爲孩子樹立一個正直與負責任的典範，才能作爲他們長大成熟的楷模。

附註

1. 人口調查局報導說，在一九九四年所有出生的嬰兒中，有百分之廿八是由單親婦女所生，生產出一百萬個嬰兒的記錄。
2. 朱蒂斯・華勒斯坦（Judith Wallerstein）與山卓・布列克斯里（Sandra Blakeslee），《第二個機會：男人、女人和孩子，在離婚十年之後》Second Chances: Men, Woman, and Children a Decade After Divorce（紐約：迪克諾&菲爾芝，1990）。
3. 琳達・漢特（Lynda Hunter）〈飛翔之翼〉Wings to Soar，單親家庭雜誌，一九九六年五月七日。

4.雪莉兒（Sherill）和普魯丹斯・提平斯（Prudence Tippins）《我們兩人組成一個世界》Two of Us Make a World（紐約：亨利・赫特，1995），第五十六頁。

第 12 章

在婚姻中表達愛語

Speaking the Love Languages in Marriage

第12章
在婚姻中表達愛語
Speaking the Love Languages in Marriage

有人說過：「愛孩子的最好方法，就是愛他的母親（或父親）。」這是至理名言。婚姻品質會大大地影響父母與孩子的關係，以及他們接受愛的方法。如果你的婚姻是健康的，即父母雙方用仁慈、尊重和誠信相敬如賓——配偶雙方會在養育的職份上扮演夥伴的角色。但是，如果父母雙方互相批評、粗暴無禮並且不愛對方，就不可能在養育兒女的事上同心一致。而孩子總是對感情極爲敏感，會對這一切心知肚明。

在此，已經很明顯：一個快樂與健康的婚姻生活，最重要的感情因素就是愛。孩子有一個情緒愛箱，你自己也有一個，並且配偶也是如此。你要深深地覺得被配偶所愛，世界才會光明燦爛。但是當這個愛箱空了的時候，我們會有「配偶不愛我」這種椎心刺痛的感覺，而我們的整個世界也會開始變得暗無天日。很多迷失與出軌的婚姻行爲，都源於一個空空如也的愛箱。

要覺得被愛且加強孩子被愛的感覺，你也要表達配偶的主要愛語。所以，我們要以談論大人的愛語，作爲本書的結論。身爲一個丈夫或妻子，你會覺得有一種愛的語言較諸其它更能深入你的感情。當你的配偶用這個主要愛語對你表達愛意時，你會眞正地覺得被愛。你喜歡所有五種愛的語言，但這一種是你的最愛。

如同孩子各有不同，成人也是如此。很少丈夫與妻子有相同的主要愛之語。別假定配偶會表達你的或你從父母那裏學到的愛語，這是兩個很常見的錯誤想法。或許你的父親會說：「兒子，一定要送花給女人，沒有甚麼比花更重要。」因此，你送花給太太，但她不覺得這有甚麼。這個問題不在於你沒誠意，而在於你沒有表達她的主要愛語。她會感謝這些花，但另一種愛的語言更能得到她的芳心。

如果配偶不互相表達對方的主要愛語，他們的愛箱就不會充滿。並且當他們從「在戀愛中」的高亢情緒回復平靜之後，他們的歧見就會擴大，而彼此之間的怒氣也會節節升高。他們或許會回想以前嘗過的溫暖與浪漫，並且想要重新捕捉「在戀愛中」的感覺，好使他們再度快樂起來。然而，他們不知道如何跟配偶做到這點，因爲家庭生活變得一成不變，簡直味同嚼蠟。

「在戀愛中」或在愛中？

很多人經過了「在戀愛中」的經驗而進入婚姻生活，在當時，他們把愛的對象看得完美無瑕。不但看不見對方不完美的地方，還確信自己的戀愛故事是獨一無二的，並且相信他們是第一對深愛不渝的人。當然，時間到了，他們的眼睛會突然被打開，重返人世並看穿對方的廬山眞面目，好壞都一目了然。絕大多數「在戀愛中」的經驗，結束於「沒有愛」的感覺中。

大多數人都談過戀愛，或許還談過好幾次。當他們回顧這些經驗時，都會對自己在衝動到了頂點時，仍然沒有做傻事而心存感恩。但今日太多人在那一段意亂情迷時放縱自己，做出了對家庭產生重大傷害的事情。這是婚姻問題的開端，因爲想尋找約會或剛結婚時曾經有過感覺。但是，缺少感覺並不代表愛也在消褪中。

「愛」與「在戀愛中」的感覺之間有一個差異之處。「在戀愛中」的感覺是暫時、原始的情緒反應，通常很少有邏輯基礎。眞愛則很不一樣，會把別人的需要置於優先，並且願意所愛的對象成長、興旺。眞愛允許配偶選擇是否要回報這個愛。在婚姻中，我們都需要一個定意愛我們的伴侶。當事實是如此時，我們能夠樂於接受對方的愛，並爲配偶因受益於我們爲其幸福所付出的努力而悸動。

這種愛需要犧牲和努力。大多數夫妻到了失去令人愉悅的「在戀愛中」之感覺時，便疑惑自己是否仍然愛著這個結婚的對象。然後他們就必須決定是否要讓婚姻繼續下去，無論如何都要照料配偶，或者要讓婚姻的關係瓦解。

你或許會發現自己在想：「但這聽起來多麼無趣。愛是態度加上適當的行爲嗎？」如同我在《愛之語》一書中提及有些夫妻眞的很渴望轟轟烈烈的愛情。

「那些流星、汽球和深情在哪兒？期待的心情呢？閃爍的眼睛呢？接吻的電流呢？性的興奮呢？還有，知道我是他（她）心目中的第一位，那種情緒上的安全感呢？」（註1）

當然，這沒有什麼錯。這些感覺有時候會成爲我們婚姻誓約的回報，但我們可別太期待它。我們仍然需要配偶爲我們的愛箱加油，如果他表達我們所懂的愛語，就能做到這點。

這就是凱拉在婚姻中失落的東西。有一天，她告訴妹妹說：「我就是不覺得瑞克還愛我。我們的關係很空洞，我覺得好孤單。我原是瑞克生命中的首位，但我現在大約排行第廿名了──在他的工作、高爾夫、橄欖球、伙伴、家庭、車子……幾乎所有東西之後就是了。我想，他很高興我在婚姻中盡本份，但他認為我所做的都是理所當然。他在母親節、我的生日、結婚紀念日都會送我很好的禮物，並在合適的日子送我花，但這些禮物卻了無意義。」「瑞克從來沒把時間給我。我們未曾一起去哪裏、不做任何夫妻活動，並且很少說話了。我過去慣於乞求他給我一點時間，而他都說我是在批評他。他叫我離他遠一點，讓他獨自一人過日子。他說，我應該感謝他有一份好工作、沒有吸毒、沒有外遇。哎！對不起，光這樣不夠。我要的丈夫是一個能愛我、願意花時間跟我在一起的人。」

你是否發現凱拉最了解的愛語卻是瑞克不會表達的？瑞克表達的是接受禮物的愛語，但凱拉渴想的是精心的時刻。在早年的時候，她接受他的禮物當做愛的表示，但因為瑞克一直忽略她的主要愛語，她的愛箱現在用光了，禮物就不再具有太多意義了。

如果凱拉和瑞克能發現對方的主要愛之語並表達出來，那麼愛的感情溫暖便能重新回到他們的婚姻中。這並非意亂情迷或「在戀愛中」的不合理陶醉感，而是一種遠比這些重要的東西——被配偶深愛的內在感覺。他們會知道自己在配偶的心中是第一位的。他們尊重、讚美並欣賞對方的為人，並且願意跟對方在一起，活在一種親密的伴侶關係中。

這就是人人夢想的婚姻，而當夫妻學會適當地表達對方的主要愛語時，它就能美夢成眞。並且這會使父母更有力，更能以合作的方式給孩子安全和莫大愛的感受。讓我們來看看如何能用每種愛之語來表達。

肯定的言詞

馬可說：「我努力工作，並且生意做得相當成功。我認為自己是個好父親，也是一位好丈夫。我所期待於太太的，只是一點小小的讚美，但所得到的卻都是批評。不管我多努力工作或做了什麼，就是永遠不夠。珍妮總是在雞蛋裏挑骨頭。我就是無法了解，大多數女人都想要得到像我這樣的丈夫，爲什麼她的批評這麼多呢？」

馬可瘋狂地揮舞著一面旗幟，上面寫著：「我的愛之語是肯定的言詞，有人愛我嗎？」

但珍妮比馬可不了解五種愛的語言（註2）。她看不懂馬可的旗幟，且絲毫不會想到爲什麼他感到不被愛。她辯護說：「我是一個很好的家庭主婦。我照顧小孩子、全時間上班，並把自己打扮得非常迷人，他還要甚麼呢？大多數男人都喜歡回到家裏享受香噴噴的飯與一個清潔舒適的房子，我哪一點沒做到呢？」

珍妮甚至可能還不知道馬可覺得不被愛。她只是單純地知道，他的脾氣會定期地發作起來並叫她停止批評。如果人家問馬可，他可能會承認自己喜歡可口美味的食物並感激有一間收拾乾淨的房子，但這不能滿足他對於愛的感情需要。他的主要愛之語是肯定的言詞，沒有這些話，他的愛箱永遠不會充滿。

對於主要愛語是肯定言詞的夫妻來說，口頭或書寫的讚美就如陣雨落在春天的花園裏。

「我眞以你對羅勃處理這件事的方式爲榮。」

「這餐飯做得眞棒！你有資格列入廚師名人錄。」

「這片草皮眞好看！謝謝你，這麼努力剪草。」

「哦，妳今晚看起來很動人嘛！」

「我很久沒有告訴過你了，我眞感激你定期地工作並幫忙付帳單。我知道有時候這對你很難辦到。我眞感謝你偉大的貢獻！」

「我眞愛你，你是天下最棒的丈夫（妻子）！」

肯定的言詞不但能說出來也能寫下來。在我們結婚之前，很多人寫情書或情詩。爲什麼不在婚後繼續或重拾這種愛的語言？如果你覺得寫作很困難，買一張卡片，並在能表達你感情的字下面劃線，或者在卡片下面加上短短的幾句話。

在別人的家人或朋友面前對配偶表達肯定的言詞，你會得到其他的好處。不只你的配偶覺得被愛，你也爲別人立下一個說肯定言詞的範例。讓岳母大人聽到你誇讚太太，那麼你就得到一個終生愛你的人！

如果這些話被眞誠地說出或寫下，對於一個主要愛語是肯定言詞的人，它的意義就無可言喻了。

精心的時刻

吉姆讀了《愛之語》之後寫信給我：「我生平第一次知道，爲甚麼桃麗絲會對我們沒時間相處抱怨得這麼厲害——她的主要愛語是精心的時刻。」

「以前，我總是說她太負面，不會感激我爲她做的一切」吉姆寫道：「我是一個行動派的人——喜歡打掃乾淨並把東西整理得井然有序。打從我們結婚開始，我總是洗車子、剪草皮並把家裡的外院掃得一乾二淨，並且我也做大部份吸地板的工作。我從來不了解爲甚麼桃麗絲似乎不重視這些工作，反而抱怨我們沒有時間在一起。」

「當這些亮光閃過我腦海時，我豁然明白她確實感激這些事情，但它們不能使她覺得被愛，因爲服務的行動不是她的愛語。所以，我所做的第一件事情就是，計劃我們找一個週末出遊，只有我們倆口子。我們好幾年沒有這樣做了。當她知道我在做這樣的安排時，她興高采烈，好像一個小孩子要去渡假。」

在這個特別的週末之後，吉姆看了他們的財務狀況，決定每隔幾個月出去歡渡一次週末。這些週末旅行把他們帶到嶄新的情況中。他的信繼續寫道：「我也告訴她，我希望我們每天晚上花十五分鐘彼此分享當天的事情。她認為這樣棒極了，但她絕對無法相信這會是我所發起的事情。」

「自從我們第一次週末出遊之後，桃麗絲的態度完全改變了。她變得積極、笑容滿面，並且眼神又閃爍起來了，甚至不再批評了，而我的主要愛語正是肯定的言詞。我們很多年不曾有這麼愉快過了。我們唯一的遺憾是婚後沒有早一點發現這五種愛之語。」

桃麗絲和吉姆的經驗與其他好幾千對發現對方愛之語的夫妻一樣。就像吉姆，我們不但要知道配偶的愛之語，也要學會定期地訴說這個愛之語。當你這樣做時，其他四種愛之語也會有更深的意義，因為你配偶的愛箱已經滿溢出來了。

接受禮物

所有的人類文化都把送禮物當作夫妻間愛的表示，這通常在結婚之前就開始了。在西方文化，不管是約會期或結婚之前的預備期都是如此，比較強調男方送禮物，但接受禮物也可能是男人的主要愛之語。很多丈夫承認，當太太回家展示她們爲自己買的衣服時，他們沒說出來的意念是：「我不知道她是否曾經想到爲我買一件襯衫、一條領帶，或一雙襪子？當她上街購物時，是否曾經想到我？」

對於主要愛語是接受禮物的夫妻而言，一個禮物是在表達：「他正在想著我。」或「你看！她買什麼給我。」大多數禮物需要深思熟慮，並且也是這份體貼把愛表達出來。我們甚至會說：「就是這份體貼值錢。」然而，值錢不是存在你腦海中的想法——這個禮物應該實際地呈現出來。

你或許不知道要給甚麼。如果是這樣，找點幫助吧！當鮑伯發現太太的主要愛之語是接受禮物時，他不知道該給什麼，因爲他不知道如何買禮物，所以他在教會中請姊妹們一週一次跟他去為太太買禮物。三個月後，他就能自己挑選禮物了。

瑪麗的丈夫比爾喜歡打高爾夫球。瑪麗知道比爾喜歡與他嗜好有關的東西，但是什麼東西呢？她從來沒有學過高爾夫球，所以，她便每年兩次拜託他的高爾夫球同伴代她買高爾夫用品，然後她再轉送給比爾。比爾總是興高采烈，因為太太與他心有靈犀一點通，買的禮物都正合他的需要！

巴特是一週五天西裝畢挺的人。他的太太黛比每個月會去他買西裝的商店一次，請店員幫忙挑選一條領帶送給巴特。這個店員特地為巴特買過的西裝列出一張明細單，所以每次挑選的領帶都配得很好。巴特四處向人說，黛比是個善解人意的好太太。

當然，太太要買禮物給丈夫，她的荷包裏要有足夠的錢。如果她沒有出外工外，這代表她必須跟丈夫討論一個足夠她買禮物的預算，她應該要求每個月的預算足夠她購買禮物。如果丈夫的主要愛語是接受禮物，他會樂於負擔這個經費。

你總會有辦法學會表達配偶的主要愛語。這或許需要有點創意，但你可以學習別人的做法。你所選擇的禮物要配合配偶的嗜好或開始探索的興趣，或者趁你們一起外出一天以上時買點禮物。你也可以買一張你們兩人都喜歡的飯店禮卷，或戲劇與交響樂的門票，甚至一張由你或專家做的漂亮禮卷當做在家裏或院子裏作工的代價，或讓帶小孩的媽媽在一個安靜的渡假中心休息幾天。你的禮物也可以是一組新的音響系統或配偶看重的一首老鋼琴演奏的樂曲。

服務的行動

羅傑跟輔導員談話的時候，臉色有如死灰：「我眞搞不懂，瑪莎說要做一個全職媽咪，而我也同意，因爲我賺的錢還夠我們用。既然她要待在家裏，我不了解她爲什麼不把家裏整理得像樣點。每天晚上我回到家裏，就像走進一個災難現場，床沒有舖，她的睡衣還扔在椅子上，乾淨的衣服堆在烘乾機上，而小貝比的玩具滿地都是。如果她去購物，食品雜貨就放在購物袋裏沒拿出來。而她卻在看電視，也不打點我們晚餐要吃甚麼。」

「我已經厭倦住在一個豬圈裏了。我要的只是，她能把家裏弄到一半整齊的地步就好了。她也不用每天做晚餐——我們可以每週出去吃幾次。」

羅傑的主要愛語是服務的行動，而他愛箱的讀數已經點滴不剩。他不在意瑪莎待在家裏或外出工作，但他希望住在比較有秩序的地方。他覺得如果瑪莎關心他，她會把家裏整理得比較好一點，並且每週做幾次飯。

瑪莎天生不是一個很有組織的人。她富有創意，且喜歡跟小孩子做有刺激性的事情。她把與孩子的關係優先置於整理家務上。要她表達羅傑的主要愛語——服務的行動，簡直難如登天。

他們的故事或許可以幫助你了解爲什麼我們會用語言作爲隱喻。如果你說英語長大，那麼學說德語或日語可能就會很困難。相同地，學習表達出服務行動的愛語似乎很難。但等你終於了解服務是你配偶的主要愛語時，你可能會下定決心，無論如何都要把它表達得很動人。

對瑪莎來說，這個答案是安排一位鄰居的青少年在下午很晚的時候來跟孩子玩，所以瑪莎就得爲房子做一個「讓我們愛羅傑」的整理。爲了交換帶小孩的服務，她教這個青少年代數一週好幾次。瑪莎也開始有意識地計劃一週做三次晚餐。她把晚餐在早上先做好，只留最後一點的塗料工作在晚上完成。

另一個太太，在類似的情況下決定跟某個朋友到附近的一間技術學院學作基本的菜餚。當對方去上課的時候，她們互相幫助對方照顧孩子，並且也很喜歡在班上遇到新朋友的興奮。

做你知道配偶會喜歡的事情是一種愛的基本語言。諸如下列行動：洗碗、粉刷臥室、重排桌椅、修剪花木、修理水管和打掃浴廁都是服務的方法。它能夠是芝麻小事諸如吸地板、洗車子，或換孩子的尿布。要找出配偶最渴望的事並不難，只要想想他們過去抱怨最厲害的是甚麼。如果你能把這些事當成服務的行動並作爲愛的表達，它們也會顯得貴重無比，而非你所認爲平凡單調的無聊事。

身體的接觸

我們不應該把身體的接觸與婚姻中的性關係視爲同一件事。顯而易見的是，做愛當然包括身體的接觸，但作爲愛的表示之身體的接觸不應只限於性方面。把手放在配偶的肩膀上、摸摸她的秀髮、按摩他的頸和背部、給她咖啡時碰一下她的手臂——這些都是愛的表示。當然，愛也可以用握手、接吻、擁抱、性愛的前戲和做愛來表示。對主要愛語是身體接觸的配偶，這些接觸表達得最大聲。

「當丈夫花時間替我按摩時，我知道他愛我，他把注意力集中在我身上。他手的每一個動作都告訴我：『我愛妳』，當他觸摸我的時候，使我覺得跟他最親近。」吉兒說得很清楚，她的主要愛語就是身體的接觸。她也會感謝送禮物、肯定的言詞、精心的時刻和服務的行動，但在感情的層次上傳達得最深入的則是身體的接觸。沒有這些接觸，話語會變得很空洞、禮物和精心的時刻都沒有意義，而服務的行動則是多餘的責任。但如果孩子接受了身體的接觸並且愛箱充滿，再加上其他的愛語將會使他的愛滿溢出來。

因爲男人的性衝動是基於身體的需求，而女人則是基於情緒。丈夫常以爲他的主要愛語是身體的接觸，尤其是那些性需要沒有定期得到滿足的人，這點顯得特別眞實。當他們性釋放的慾望超過情感愛的需要時，他們會以爲這是他們最深切的需要。然而，如果他們的性需要得到滿足時，他們或許會領悟到身體的接觸不是他們的主要愛語。有一種識別的方法是，判斷他們對非關性方面的身體的接觸喜歡的程度有多少。如果這個程度不是很高，身體的接觸可能就不是他們的主要愛語。

發現並表達配偶的愛之語

你或許會問：「這眞的管用嗎？這會使我們的婚姻不一樣嗎？」最好的發現方法就是嘗試。如果你不知道配偶的主要愛語，你可以請他（她）讀這一章，然後討論一下。如果你的配偶不肯閱讀或討論，你也不妨猜猜看。想想他的抱怨、請求和行爲。此外，他對你和別人說的愛語，或許也能給你一些線索。

帶著這種受過訓練的猜測，集中注意力在可能的主要愛語上，並觀察以後幾週有沒有什麼變化。如果判斷正確，你可能會在配偶的態度和靈性上看到改變。如果他問你爲什麼表現得這麼奇怪，你可以只說自己看到一些有關愛之語的文章，並且嘗試做一名最好的愛人。你的配偶大有可能想要多知道一點，而你們就可以一起閱讀《愛之語》和《兒童愛之語》。

經常地彼此表達對方的主要愛之語，你們之間的感情氣氛會跟以往有天壤之別。你自己有了充滿的愛箱，就比較能夠充滿孩子的愛箱。我們相信，你也會發現自己的婚姻和家庭可愛多了！

記得表達配偶和孩子的主要愛語。當你發現這眞能使家庭和孩子不同時，請將此書分享給你的延伸家庭和朋友。一家接著一家，我們可以創造一個充滿愛的社會。你因爲愛家庭所做的事情，也會使我們的國家和以往不同凡響。

附註

1. 蓋瑞．巧門（Gary Chapman），《愛之語～兩性溝通的雙贏策略》The Five Love Languages（芝加哥：北田，1995），第卅六頁。

2. 看了本章之後，如果你想要學習如何發現你配偶的主要愛之語，並練習使用它，請讀《愛之語～兩性溝通的雙贏策略》。它是特地爲結過婚又住在一起的夫妻寫的。

結語

當你認識且開始表達孩子的主要愛語時，結果會產生更穩固的家庭關係，並且對你和孩子都有益。一如我們在第一章所說的，雖然表達孩子的主要愛語並不能終結所有的問題，但能使家庭穩固並把盼望帶給孩子，這是一個奇妙的絕佳機會。

但是當你開始學習一種新愛語時，你也許會對過去或現在的能力感到疑惑和擔心，不過這些擔心往往也代表機會。無論你過去或現在的光景如何，我們現在要來檢視這些特別的機會。

乍看之下，這本書的最佳讀者似乎是剛成家不久，或是孩子還很小的家庭。然而，我們知道有些讀者家裏可能有比較大的孩子，或者甚至有成年的孩子。或許你會想，如果我能早一點讀到這本書的話……可惜現在為時已晚了。許多父母回顧以前養育的方式，瞭解到他們在滿足孩子的感情需要上並非做得很好。現在，這些孩子或許已經長大並有了自己的家庭。想來眞是悔不當初！

如果你也在這些懊悔過往的父母之列，你可能會回顧並且問事情爲甚麼會出錯？或許在那些養育孩子的關鍵年間，工作使你疏離家庭太久；也或許你自己亂糟糟的童年，使你沒有能力爲人父母；也或許你的愛箱終生都是空空如也，以致你從來沒能學會如何對孩子表達愛。

即使那些年間你學到很多，你也可能會下結論說：「發生的事都已經發生了，現在能做的已經很少了。」然而我們建議你考慮另一個可能性：「未來還有什麼機會？」機會仍然在。人際關係最微妙的一點就是它們並非固定不變，使它們變得更好的可能性永遠都存在。

你想與青少年或成年孩子建立一個比較親密的關係，或許必須撤除中間隔斷的高牆並建立溝通的橋樑——這是非常辛苦但報酬很高的工作。或許這是你向孩子承認自己曾經在傳達感情的愛上表現不佳的時機。如果他們仍住在家中或附近，你可以面對面向他們表示歉意，看著他們的眼睛並請求他們原諒。或者你需要把這些寫在信上坦誠地道歉，並且表示希望將來能夠建立一個更積極的關係。你無法抹煞過去，但能夠創造不一樣的未來。

或許你不僅不善溝通，而且曾經在感情、身體或性方面虐待孩子。或許酒精與毒品是你的共犯，或許痛苦和不成熟使你成爲怒火的受害者。但不管失敗的原因爲何，拆毀這些牆永遠不會太晚。而且，除非先拆毀這些牆，否則你就無法建立橋樑（如果你仍虐待孩子，或許需要受過訓練的輔導員幫助你打破這種破壞性的綑綁）。

解決過去失敗的最好方法就是認錯和請求饒恕。因爲你無法抹煞那些行爲，也無法抹煞那些惡果，但你能透過認錯和被饒恕來淨化你的感情和靈性。無論孩子是否在口頭上表示原諒，你必須成熟得勇於認錯，這會使他們對你更生敬意。到了時候，他們或許會向你開放並建立橋樑。或許這一天會來到，使你有更親近他們以及他們兒女的特權。

即使你們過去並非理想的父母，現在你們也可以用各種方式開始愛孩子，使他們感到被重視。並且如果他們已經有孩子了，你當知道自已正在影響更下一代的家庭，這些小寶貝會比較有機會終生享受無條件的愛。

有了充滿的愛箱，你的孫子會在心智、社交、靈性，和關係上更敏銳且積極。當孩子感到被愛，他們會連整個世界看起來都比較光明。他們的內在靈性會更堅固，並且更可能在世上把潛力發揮到極致。

我（蓋瑞）夢想有一天，所有的孩子都能在充滿愛和安全感的家庭中長大，在那裡他的發展能力可以被導向學習和服事，而不是一直渴望和尋找在家裏沒有得到的愛。我盼望本書能幫助很多孩子實現這個美夢。

蓋瑞提到透過饒恕來淨化感情和靈性的機會。我（羅斯）鼓勵你記住為人父母的靈性層面。在我為人父母的經驗中，我發現最大的鼓勵來源是神的應許。我太太蓓蒂和我曾經面臨很多難關，包括生了一個深度智障的女兒。我們確定神總是在身邊，隨時準備要幫助並兌現祂所有美好的應許。我最愛的給父母的應許是詩篇卅七篇25～26節：

「我從前年幼，現在年老，
卻未見過義人被棄，
也未見過他的後裔討飯。
他終日恩待人，借給人；
他的後裔也蒙福。」

修訂標準版聖經（RSV）把最後一行翻譯為：「他的後裔也成為一個祝福。」我已經信靠這兩節經文很多年了，也曾經試驗過這些應許無數次。我從未見過義人被棄，卻見過義人的後裔蒙福，並且成爲一個祝福。

當我看到孩子在各方面成長且成熟，便歡欣鼓舞起來，不只是因爲神信守祂的應許並賜福給我的孩子，也因爲我眞是祂的孩子。蓓蒂和我經歷過許多試煉，當時我們往往看不見出路，但神總是帶領我們經過。

在爲人父母的職份上，我要鼓勵你不管現在或將來的情況如何，神永遠不會撇棄你。祂總是在那裡等候你，看顧你直到永遠。因著養育孩子，你不但有機會發展他們的靈性層面，並且你自己也能得到發展。

舊約先知以賽亞宣告神的話，說：

「你不要害怕，因爲我與你同在。
不要驚惶，因爲我是你的神。
我必堅固你，我必幫助你，
我必用我公義的右手扶持你。」（註1）

這節經文能帶領你經過生命中和爲人父母所遇到的難關。這節經文確實支持過蓓蒂和我。若非神的保證和應許，我們的故事一定會改寫。

詩篇的作者說孩子是「來自神的禮物」，即「賞賜」或「繼承物」（註

2）。孩子是我們所能擁有的最好禮物。如果孩子對神這麼重要，他們就是我們——身爲父母者的一切。我建議你列製一張成爲好父母的「需要」清單。別讓「需要」這兩個字給你帶來壓力或罪惡感。這些「需要」會使你對自己身爲父母的權威和角色自豪。放輕鬆點，並以你的孩子爲樂。

當我初爲人父時，總是憂心忡忡，對於爲人父母的職責一點把握都沒有。但那時我發現，一旦知道了孩子的需要，要滿足這些「需要」就不困難了。但最好的消息還是，幾乎每個有愛心的父母都能做到這一點。

我極力勸告你製作自己的「需要」清單。從少數幾項開始，然後視需要而增加。當你發現自己滿足了這些需要，你就能夠確信孩子已接受到父母良好的照料了，而你也就能放鬆心情享受孩子了。我很難形容這個確據給我的幫助有多大。事實上，我很快就發現自己成爲更好的父母了，這是我始料未及的。

大多數做好父母的「需要」都在本書裏。如果你要列一張清單，我可以給你一個開始。但除非你自己構思和設計出來，否則這個清單不會完整也不會成爲你自己的。下面是我個人的清單，我自己「作一個好父母的需要」之清單：

1、保持孩子的愛箱隨時都充滿——表達五種愛的語言。

2、使用能夠管理孩子行爲的最積極方法：請求、溫柔的肢體操縱、命令、懲罰和行爲矯正。

3、充滿愛心地管教孩子。探詢：「這孩子需要甚麼？」然後有條理地著手去做。

4、盡力管理自己的脾氣，絕不把它傾洩在孩子身上。要既愉快又穩定。

5、盡力訓練孩子成熟地處理怒氣——目標是十六歲半。

我希望你很快地列出自己的清單。當你能做到清單上的項目時，就能放鬆心情並享受你的孩子了。並且他們在每一方面將會變得信心十足。

附註

1. 以賽亞書四十一：10。
2. 詩篇一二七：3節，參閱新欽定版英文聖經（NKI）和新國際譯本聖經（NIV）。

兒童愛之語行動計劃

詹姆士·貝爾編寫

這個行動計劃包括許多方案和練習，可以幫助你向孩子說出每一種愛之語。它也包括一些討論問題，可以幫助你複習和應用本書的關鍵概念。我們推薦這個行動計劃給你個人使用，最理想的是，跟你的配偶一同使用。這個行動計劃也適用於在小組或小班上課時使用，並且我們也附加了一段「小組討論」，以促進父母之間的對話。正如學習去認識和表達孩子的愛之語需要時間，這些活動也要花費時間。但這個努力是値得的，因爲我們要向孩子表達愛，並引導他們成爲負責任的成人。

1.愛是教養孩子的基礎

1.回顧一下你覺得被愛或向孩子表達愛的時候。這些情況是否大多數與孩子的個人價值、成就或正面的特質有關？換言之，你傾向於有條件的愛或無條件的愛？

2.最近你在哪些情況下曾收回對孩子的愛？這些情況是否常常與你的期待未被滿足有關？如果是這樣，請設計一個辦法使無條件的愛與適當的管教結合在一起。

3.在一個從零到十的刻度上，你孩子的愛箱平均水平是多少？想想看，你能用什麼辦法增加孩子愛箱的高度？下個禮拜，每天集中焦點在三個能提高他們愛箱水平的辦法上。

4.回想你孩童時的快樂記憶。你父母如何填滿你的愛箱以建立你的自尊心？你的孩子擁有些甚麼美好回憶，而這些回憶與無條件的愛有何關係？

5.再觀察孩子行為的七個重點。哪一點對你有新的啓示？哪一點最難接受？哪一點你最需要吸收並採取行動？

小組討論

有條件的愛對孩子可能產生沒安全感、焦慮、自尊心低落和憤怒。你的孩子呈現這些特性到什麼程度呢？允許小組分享他們有條件接受愛的情況，並對如何無條件地愛孩子提供自己的建議。

2.愛的語言之一：身體的接觸

1. 關於身體的接觸，你家庭的背景是什麼呢？你父母是否擁抱和親吻你，或用身體表達其他愛的行動？這些對於你如今做爲一個成熟的大人有何影響？

2. 根據這一章的洞見，你是否在適當的情況下給予孩子足夠的接觸？爲什麼？或爲什麼不？

3. 身體接觸的渴望有哪些不平常的徵兆？非慣例的身體接觸諸如摔角，如何滿足感情的需要？哪裡的身體接觸是對孩子有害或非分之處？

4.除了孩子需要的正常擁抱和親吻之外，討論「較不顯眼」的身體接觸之形式。在合適的機會把其他形式的身體接觸之愛語付諸實行。

5.下週增加與孩子身體接觸的次數，但要做得適合孩子的年齡與特質。然後確定這個行動的效果和他們的反應。

小組討論

身體的接觸是你孩子的主要愛之語嗎？如果是，請解釋你如何得到這個結論的？此外，讓小組成員分享他們兒童時期身體接觸的經驗，不管是正面的或負面的。我們能從這些經驗中學到什麼？

3.愛的語言之二：肯定的言詞

1.有些兒童時期的話語爲何會變成自我實現的預言？分析這些正負面的話

語如何影響到這個成人，不管它們最初正確與否？

2.現在對你每個孩子都這麼做——選擇一句對他們的行爲會產生好或壞影響的正面話語和負面話語，然後帶你孩子到旁邊，重新肯定正面的話而排斥負面的話。

3.我們常會非常愛孩子，且認爲他們能了解我們的愛。但因爲他們的思考是具體的，所以可能完全沒有注意到這些愛。下一週，每當你感到愛時，就向孩子盡可能清楚地表達出來。在一週結束時，問他們是否比較能了解你對他們的愛。

4.日常生活裡面，口頭表達愛是合宜的，但需要一些特別的話語加以補充。帶你每一個孩子外出到他所喜愛的地方，並在適當的時候告訴他，你愛他的所有理由。試著使你的陳述是愛孩子本身，而不是愛他的表現。

5.鼓勵的話語是很重要的愛的表達。當你自己受到鼓勵的時候，就寫在一本記事本上，然後想辦法把這些鼓勵轉化爲適合於孩子年齡和環境的話。先問問他們在生活中有哪些需要幫助或缺乏的地方（別假設你知道）。

6.什麼時候怒氣會封殺你的正面話語？爲所有因怒氣傷害了你與孩子關係

的事件道歉。

小組討論

在口頭肯定的言詞上最大的敵人是怒氣。討論避免怒氣的破壞性影響而能夠實行管教和矯正的建設性方法。讓小組彼此分享他們管理怒氣的成敗經驗。你能從這些過去的經驗中學到什麼？

4.愛的語言之三：精心的時刻

1.過去一週，你花在每一個孩子身上的精心時刻——即滿足他們基本需要之外，花在每個孩子身上的時間有多少？每一個孩子所渴望的精心時刻是什麼？問他們每一個人跟你在一起時最喜歡什麼，這些事為什麼對他們有意義？

2.立下承諾，從今以後的十二個月，每週至少跟每個孩子單獨相處一個小時以上。這聽起來或許像一個很大的承諾，但孩子配得的會比它少嗎？試著在日曆或行事表上，每週撥出這個時間，如果做不到，就在每個週末撥出時間作爲約會的時間。

3.爲每個孩子製作一張清單，列舉可以在精心時刻中討論的重要及有趣的話題。把標題分類如下：價值、技巧、娛樂、未來計劃、他們的內心世界、你自己的內心世界。

4.「緊急事件的肆虐」在我們快步調的計劃表中是個很嚴重的問題。檢查你上個月的計劃表。哪些暫時或排定的計劃因爲優先性較低而被取消或縮短？在這段期間，有哪些浪費或優先性比較低的時間，應該可以跟孩子在一起？

5.你如何能把孩子每天或每週要負責的家庭雜務轉變爲你們共同的學習經驗？你能否在談笑之間，幫他們把工作做得更好？

小組討論

很多最好的親子教育在精心時刻裡發生。分享在這段時間裡一些親密、學習和全然喜樂的美好回憶。想想未來，因爲孩子跟你在一起的時間很短。在即將到來的一年裡，至少計劃一件特殊的事。

讓組員分享他們過去跟孩子共度精心時刻的一些經驗，也可以分享與父母之間的精心時刻之回憶。你能從這些經驗中學到什麼？

5.愛的語言之四：接受禮物

1.我們看重禮物各有不同的理由：實用性、背後的心思和關切，甚至是它的價值。在你的生命中，什麼禮物經得起時間考驗？爲什麼？這告訴你自己什麼？

2.禮物在你生命中所扮演的角色如何影響到你給孩子禮物的情況？孩子對禮物的目的所抱持觀點跟你一致或不同呢？跟每個孩子討論禮物的接受和給予，並試著更深入地了解它的優缺點。

3.仔細回想以前，當你使用複雜的動機或錯誤的價值觀送禮物時，當中是否暗示了回饋、賄賂、物質主義或虛榮心？下定決定心未來要以愛心送禮物，不附帶任何條件。

4.檢查一下買給孩子的禮物，或給十歲青少年的休閒與娛樂物品，確定哪些落在下面的類別裡：

·帶有正面和健康的目的，不是教化或同儕壓力的玩具。

·在一時流行或趨勢改變之後會很快「死翹翹」的玩具。

·你能參與創造或使用的玩具。

5.在下一個月內，給每個孩子買一個與特殊節日無關的禮物。然後觀察下面的反應，以確定接受禮物是否爲孩子的主要愛語：①對禮物的包裝特別注意。②對與這禮物有關的話語或環境特別注意。③把禮物放在特別的地方或別有用心地處理。④對你或配偶訴說這份禮物的重要性。

小組討論

討論我們如何教導孩子把整個生命視爲一個禮物的方法。

就如同我們所得的已經很多了一樣，討論我們如何向孩子傳遞一種無條件給予而不求回報的精神。除了生命本身之外，什麼是我們可以跟孩子分享且免費並有極大價値的偉大禮物？

6.愛的語言之五：服務的行動

1.當父母有一個身體與感情平衡的生活時，服務的行動才能做得最好。找出可以使你的生命達到平衡必須注意的三個領域。你會採取哪些步驟來處理這些問題？

2.你的服務是否適合孩子的年齡？清點一下你爲孩子所做的每件事。如果這些事由孩子自己做，他是否會學到更多或成爲一個更負責的人？依據年齡並排定時間教導他們做適當的工作。把這個工作本身視爲一個愛心服務的行動。

3.我們爲別人做事都帶著不願意的態度。製作一張圖片或表格，最左邊註明「立即回報」，最右邊註明「不求回報」。劃一劃，你的服務行動落在這個譜系（從一到十）的哪一點上？那些落在比較左邊的行動的是什麼原因？落在比較右邊的又是什麼原因呢？

4.和每個孩子一起擬定計劃以具體確實地幫助社區中（除了你的家人之外）

一些不幸者。要確定孩子參與在其中，並且事後分析你們最喜歡和最有助於你們的是什麼？

5.審查一下當你要求孩子作服務的行動時會產生摩擦的地方。你是否在一個只要提出請求就夠了的良好情況中？爲什麼能夠，或爲什麼不能夠？對於你們的工作和服務態度，這有什麼啓示？

小組討論

身爲父母的我們都做了很多服務的行動。我們如何對孩子的需要有較好的回應，並使我們的行動充滿愛心的話語和無聲的教導？讓小組分享他們如何用服務的行動向孩子表達愛。

你從這個小組中別人所做的事學到什麼呢？

7.發現孩子的主要愛語

1.集中焦點於回憶孩子對你表達愛的行動。試著列出最近至少三件重大的事。這些代表哪一種愛的語言？

2.觀察你的孩子如何向兄弟姊妹、朋友、老師、祖父母等人表達愛。這些愛的表達方式與他向你表達的，有何異同之處？如果有不同的地方，主要原因是什麼？

3.孩子會對我們要求很多。先複習這五種愛的語言，然後試著盡可能地按照這五種愛語的分類來列出這些要求。他們的要求傾向於哪一種愛語？身爲父母的你如何能使他們內心的渴望滿足？

4.觀察每個孩子在生活中表達抱怨或不快樂的模式。它顯示出他們最缺乏的是什麼？孩子最渴望的是什麼？檢視你忽略這些需要地帶的原因。在這些重要地帶，你如何能比較有效地「塡滿這個箱子」？

5.在最近幾個月中，讓孩子在五種愛之語中作二選一的選擇題。記錄他們的反應，嘗試了解他們選擇的原因，並確定最常被選上的愛之語。這可能就是孩子的主要愛之語。

小組討論

集中焦點在某些可能會影響你發現孩子主要愛之語的因素上，包括：性別、年齡、氣質、教養、靈性和心智成熟度等。就你的觀念而言，了解孩子的主要與次要愛語有什麼價值？讓組員分享及回應。

8.管教和愛的語言

1.管教常常被視爲只能懲罰而已，但其實有許多管教孩子的正面方法。試舉例你最近曾使用並決定常使用的訓練方式，例如：效法、口頭教導、請求、教導，和學習經驗。

2.回顧孩子最近的不良行爲。它是否至少有一部分原因是愛箱空缺，而不是故意叛逆？你的孩子在哪些地帶可能需要愛，你將來如何把這個空箱填滿呢？

3.在塑造孩子行爲的五種方法中，請求是最有效的，列出它對你們親子雙方的益處。現在看看命令、身體操縱、懲罰，和行爲矯正。雖然都有需要，但它們對孩子有什麼害處？舉出明確的例子說明若使用其他方法可能更管用。

4.想像並記下未來孩子可能有不良行爲的情況。創造一些對話、接觸等能培養適合他們愛語的適當管教。這個程序跟你通常使用的方法有何不同？當主要愛語出現時，孩子的反應和平常有什麼不同？

5.現在想像一個場景，你使用一種與孩子主要愛語衝突的管教方式（例如：使用隔離的方法，而孩子的主要愛語是精心時刻），孩子會有什麼反應，它們會怎樣傷害到你想給孩子的正面信息？

小組討論

在行爲矯正的管教中，大多數父母都不知不覺地偏向於太嚴或太縱容。藉著回答下列問題，分析你爲人父母的風格：

・父母管教我的主要方式是什麼？

・我曾經讀過什麼養育方面的書籍影響到我管教子女的觀念？

・我曾從別的父母那裏受過什麼勸告，影響我管教孩子的方式？

向小組組員分享你的答案，並且討論這些觀念的益處。從別人的反饋中，進一步發展出更有效的管教孩子的方法。

9. 學習與愛的語言

1. 什麼最能激勵孩子學習？什麼最會阻礙學習？根據上面兩個問題，你會如何描述孩子在學習過程中整體的長處和弱點？

2. 在所有會影響孩子目前的情緒特質中，什麼是最關鍵的因素？你覺得他的情緒狀態會影響到下面哪一個領域：自尊心、整體安全感、對壓力和改變的反應、學習能力？

3. 你跟孩子的溝通程度如何影響他的自尊心和安全感，而這兩者又如何影響到他的學習動機？你對成績的強調是幫助或阻礙孩子的學習？你從本章學到什麼觀念能幫助你進一步激勵孩子下學期的學習？

4. 問問孩子想學什麼技藝？爲每個興趣製作一張清單，並計劃如何用學習經驗加強它們？

5. 在孩子的學習上，你在哪一方面會替他承擔太多或太少的責任？你如何鼓勵孩子，並同時使他們爲家庭作業、測驗和其它方面負責？作一個計劃幫助和鼓勵他們而不要取代他們該負的責任。

小組討論

情緒穩定的孩子學習效果最好。透過塡滿孩子的愛箱，最能使孩子達到情緒穩定。如果孩子的主要愛語是精心的時刻，父母能作什麼來幫助孩子提高學習效果？組員一起來分享這些觀念！針對其他愛語同樣作一遍。當大家分享這些觀念時，你或許要作筆記！

10.怒氣和愛

1.思想一個曾經使你生氣並激發你採取行動的正當原因或問題。你的怒氣如何適切地疏通到正面的結果上？這跟破壞性或「自私」的怒氣有何不同？

2.在處理怒氣方面，你會給自己打多少分數？這會如何影響到每個孩子處理他們自己的怒氣？如何能管理自己的怒氣又訓練孩子也如此？你是否覺得在教導孩子處理怒氣上你大致都失敗了？爲什麼呢？或爲什麼不呢？

3.從一到十的刻度尺上，估算孩子在下面領域裡的狀況：誠實、信守承諾、個人責任。現在看一看怒氣的表達（或者沒有表達）與這些領域如何發生關係。挑出最低的數字，跟配偶討論如何幫助孩子處理怒氣以改進他的行爲。

4.帶孩子到一旁，做些取悅他或有趣的事情。告訴他這是一個「抱怨時間」，鼓勵他說出使他生氣、傷心、失望和幻滅的事情，讓他使用最強烈的話語和感情，盡可能熱烈和誠實地說出來。而你必須承諾跟他一同解決這些問題。

小組討論

遇到與孩子意見不一致的時候，討論你面對他們的處理方法。你要如何才能比較了解和愛孩子且同時又維持作父母的權威？設計一些執行的策略，如：積極地傾聽、正確地評估判斷、仔細地解釋你的決定。讓小組分享應用這些策略失敗或成功的例證和時機。

11.在單親家庭中訴說愛語

（這些問題只跟單親父母有關）

1.列出一張單親父母會與孩子在關係上產生壓力的創傷清單。它們如何影響你表達孩子主要愛語的能力，而你能做什麼來改進這個狀況？（包括時間、經濟、社會和個人壓力。）

2.現在列舉一些孩子對於失去父母或父母在遠方的感覺：恐懼、憤怒、焦慮、拒絕、責備等等。你如何應用孩子的主要愛之語來減輕每一種痛苦的情況？

3.單親父母的孩子需要特別的照顧，這代表你要在某些領域裡更多擺上自己。思考你能減輕悲痛過程的方法：傾聽、承認痛苦、表達且接受情緒。

4.許多單親家庭的孩子終究表現得十分成功——透過努力工作、奉獻和積極的態度。爲那些在你身爲單親父母的難關中曾做過的積極正面的事情來慶賀吧！你要怎樣才能把能力表現得更好？下定決心改進至少一個缺點。

5.孩子需要角色模範和代理父母。哪些延伸家庭的成員或朋友，能幫助你填滿孩子生命中這個空缺的職位？在本章中，有哪些建議你能用來找到對他們產生正面影響的大人？

小組討論

討論身爲單親父母爲何因著自己需要愛、接受、成就等……而被人利用。你爲何會被僱主、父母、朋友或甚至兒女利用？你能做什麼防止這些事情？

然後讓小組分享表達孩子的主要愛之語的方式，及這些如何對子女的態度或行爲造成改變。

12.在婚姻中訴說愛語

1.根據這一章的信息，你自己的愛之語是什麼？你配偶的呢？分享你們如何能更充滿彼此的愛箱？

2.檢視你是否在想取悅配偶時卻表達自己的愛語。製作一張清單列舉你能表達配偶主要愛語的方法。下個月儘可能地練習這個新的愛語。

3.你與配偶的難處，如何藉著解決愛之語的衝突而化解？思考不了解配偶間主要愛語的影響，是沒有經常地表達愛語，或用負面的方式使用這個愛語，例如：口頭批評配偶，而他的主要愛語是肯定的言詞。如何能同時使你們雙方的需要和諧地得到滿足？

4.對配偶誠實說出你以往愛箱不充滿的時候。解釋你明白他不是故意忽略，而是誤解你的需要。完整地描述出你如何因著主要愛語而享受到愛。

5.想一想配偶的需要。然後提出建議請配偶回應以證實你做得正確。在下週選擇三個方法滿足配偶的需要。

小組討論

與其他夫妻談談表達配偶愛之語的獨特和創意的方法。讓夫妻分享表達對方的愛語在彼此關係上造成的重大影響。鼓勵夫妻分享他們學習表達對方愛語的努力。